Communication psychology

沟通心理学

把话说到点子上

文思源\著

中国华侨出版社
北 京

图书在版编目（CIP）数据

沟通心理学：把话说到点子上 / 文思源著 . —北京：中国华侨出版社，2019.8

ISBN 978-7-5113-7943-6

Ⅰ . ①沟… Ⅱ . ①文… Ⅲ . ①心理交往–通俗读物
Ⅳ . ① C912.11–49

中国版本图书馆 CIP 数据核字（2019）第 153240 号

沟通心理学：把话说到点子上

著　　者 / 文思源
责任编辑 / 黄　威
封面设计 / 韩立强
文字编辑 / 朱立春
美术编辑 / 张　诚
经　　销 / 新华书店
开　　本 / 880mm × 1230mm　1/32　印张：8　字数：210 千字
印　　刷 / 三河市恒升印装有限公司
版　　次 / 2019 年 9 月第 1 版　2019 年 9 月第 1 次印刷
书　　号 / ISBN 978-7-5113-7943-6
定　　价 / 38.00 元

中国华侨出版社　北京市朝阳区静安里 26 号通成达大厦 3 层　邮编：100028
法律顾问：陈鹰律师事务所
发 行 部：（010）64443051　　传　　真：（010）64439708
网　　址：www.oveaschin.com　　E-mail：oveaschin@sina.com

前言
PREFACE

人活着是为了做成一些事情，成就一番事业，实现某些理想和目标。而抵达这一理想境界的一个重要的通行证就是语言，就是高超的说话水平。

对一个人来说，说话的重要性无论怎样强调都不过分。且不说张仪、苏秦因能言善辩而成为风云人物，杨修、王朗因不懂说话艺术而命丧黄泉，即使是生活中的小问题，话说不到点子上也很难得到解决。

有这么一个古老而真实的故事：19世纪，在奥地利的维也纳，妇女们喜欢戴一种高高耸起的帽子。她们进剧场看戏也不愿将帽子脱下，以致后排的观众被挡住视线。这些后排的观众纷纷去找剧场经理提意见，于是，经理就上台请在座的女观众脱帽，然而说了半天妇女们也不予理睬。最后经理又补充了一句话："那么，这样吧，年纪大一点的女士可以照顾，不必脱帽。"这句话一出，全剧场的女士竟齐刷刷地把帽子脱了下来。

可见，会不会说话，能不能把话说到点子上，对事情的结果有着深刻的影响。"兵不在多而在精。""山不在高，有仙则名；

水不在深，有龙则灵。” 同样，话不在于多，而在于精。说出一句算一句，句句都能说到点子上，那才叫会说话。满嘴胡言，词不达意，恐怕说得再多，也无济于事，反而让人生厌。

当然，这并不是说只要做到言简意赅、重点突出就算把话说到了点子上。我们说话的目的不仅仅是词能达意就够了，也不是简单的传递信息，更重要的是让说出的话起到应有的效果，使我们在人生的道路上走得更顺利。只有满足了这两点，才算真正地把话说到了点子上。

正因为如此，不同的话也就有不同的“点子”，即使同一句话，其“点子” 也会因情况不同而发生改变。所以，我们在掌握了基本的词汇和语法之后，更重要的是如何在复杂的社会环境中运用。

把话说到点子上是一门艺术性很强的学问。用初学者的心态对待这门学问，乐趣无穷；用好奇之心钻研这门学问，动力十足。做到这些，你会发现，改变的不仅仅是自己的说话技巧，还有你那或许已经看腻了的人生风景。

>>>目录 CONTENTS

第一章 话说到点子上你就赢了

第二章
精准表达是个技术活

第四章
学会对“症”说话

第五章 让说出的话立场鲜明、掷地有声

第六章
让建议入情入理、一语中的

第七章
准确把握说话的分寸与尺度

第一章

话说到点子上你就赢了

一、把话说到点子上不是件简单的事

很多人都以为说话容易，因为不管大人或是小孩，文明人或是粗野人，时时刻刻都要说话。事实上，许多人说了一辈子话，没几句话真正说到点子上。也正因为如此，他们才没有成功，没有朋友，甚至连一个幸福的家庭都没有。

说话并不比写文章容易

大概说话是最容易的事，从黄口小儿到白发老翁都会说话，但它同时也的确很难，擅长辞令的外交家也有说错话的时候。

人们天天都在说话，但不见得就会说话。有的人说起话来娓娓动听，让人浑身舒服，忍不住会同意他的说法；有的人说起话来像是一柄利刃，令人感觉上下不自在；有的人说起话来，一开口就使人感到讨厌。话说得好，小则可以让人欢乐，大则可以办成大事；话说得不好，小则可以招怨，大则可能丧命。可见，说什么，怎么说，这里面都大有学问。

很多人都以为说话容易，不像做文章那样难。只要不是哑巴，人人都可以说话，至于写文章那就不然，不是张三李四都能够做的。其实，说话即使不比写文章难，也绝不比它容易。说话像行云流水，不能够一个字一个字推敲，因而不免有疏漏散漫的地方；写文章可以修改，写了几句，还可以搁笔构思，想几分钟、几小时甚至几天都不要紧，而对人说话，那就不能如此。

中国人很早就讲究说话。《左传》《国策》《世说》是三部说话的经典。一是外交辞令，一是纵横家言，一是清谈。文中的表述多么婉转如意，句句字字深入人心。还有一部《红楼梦》，里面的对话也极轻松、漂亮。此外汉代贾君房号为“语妙天下”，可惜留给我们的只有这一句赞词；明代柳敬亭的说书极其有名，可惜我们也无从领略。近代以来的新文学，将白话文欧化，从外文中借用了许多活泼精细的词语和句式，这都给我们的语言注入一些新风味、新力量。加之网络的普及，语言也更加灵活起来。

那么什么是会说，什么是不会说呢？口若悬河，出口成章，引经据典，固然好口才。但是，语言学家王力说：“泼妇骂街往往口若悬河，走江湖卖膏药的人更能口若悬河，然而我们并不承认他们会说话。”会说话的人，说起话来逻辑严谨，字字推敲，井井有条，四座皆惊。更有语言高手以守为攻，旁若无人，嬉笑怒骂，快如双刀，字字句句都能说到点子上。

可见，要把话说好并不那么容易。因此，对于说话，我们必须重视起来，虽然我们并不想去做辩士和说客，并不需要犀利的舌锋，但是，我们必须明白，人的一生不外乎言语和动作，我们不能终身不说话，一切的人情世故，一大半是在说话之中。谁忽视说话的作用，谁就必然要付出代价。

不同的话语不同的结果

在生活中，有些人本领极高，可以翻江倒海，可以力拔山兮，但就是因为不能把话说到点子上，或者只会说让人别扭的话，结果总是让自己活在气喘吁吁的感觉之中；相反，有些人本领一般，但有一张灵巧的嘴，结果做什么事情都顺顺利利。即使是做同一件小事，能否把话说到点子上，其结果也常常相差很大。

一个周末，许多青年男女伫立街头，他们中间有不少人是等待着与情侣相会的。有两个擦鞋童正高声叫喊着，招徕顾客。

其中一个说：“请坐，我为您擦擦皮鞋吧，又光又亮。”

另一个却说：“约会前，请先擦一下皮鞋吧！”

结果，前一个擦鞋童摊前的顾客寥寥无几，而后一个擦鞋童的喊声却收到了意想不到的效果，一个个青年男女都纷纷让他擦鞋。这究竟是什么原因呢？

第一个擦鞋童的话，尽管礼貌、热情，并且附带着质量上的保证，但这与此刻青年男女们的心理差距甚远。在黄昏时刻破费钱财去“买”个“又光又亮”，显然没有多少必要。人们从这儿听出的印象是“为擦鞋而擦鞋”的意思。

而第二个擦鞋童的话就与此刻男女青年们的心理非常吻合。“月上柳梢头，人约黄昏后”。在这充满温情的时刻，谁不愿意以干干净净、大大方方的形象出现在自己心爱的人面前？一句“约会前，请先擦一下皮鞋”真是说到了点子上，说到了青年男女的心坎上。这位聪明的擦鞋童的话，正传送着“为约会而擦鞋”的温情爱意。

从这件小事上，我们也该从中受到启发：研究心理，察言观色，得到准确的无形信息才能找到最恰当的说话切入点，也就是“点子”。

比如，在知识高深、经验丰富的人面前，不能自作聪明、虚张声势，尤其不能不懂装懂、显露浅薄，否则，就可能弄巧成拙；在刚愎自用、好大喜功的人面前，不宜过多解释，而可以采用激将之法。又如，在沉默寡言、疑神疑鬼的人面前，越殷勤，越妥协，往往越会引起更多的疑问和戒备，此时就要想方设法启发对方讲话，以便摸清虚实，对症下药；态度也不妨强硬一点，用自己的自信来感染、同化对方，打消疑虑等等。下面我们来看一个关于寻找说话切入点的例子。

有一家皮革材料公司，专为皮革制造厂家提供皮革材料。一次，一位客户登门。几句寒暄之后，公司负责人发现这位客户实力雄厚，需求量很大。在交谈中他又发现这位客户比较自负、性急。于是皮革材料公司通过客户观看样品的机会，适当而得体地夸奖他的经验与眼力，在最后的价格谈判中，先开出每米 20 元，但接着加了一句：“您是行家，我们开的价是生意的常规，有虚头骗不了您。最后的定价您说了算，我们绝无二话。”果然，客户在这种信任的赞誉声中，痛痛快快地定下了每米 15 元的价格（公司的进价是每米 12 元）。

把话说出来很容易，但如何能让对方听起来舒服，就不是人人都能办到的事了。显然，这位负责人很会说话，他成功的关键就在于找到了“点子”，准确地把握住了对方的性格及心理，使用了正确的说话方法。

话的“点子”并不是那么容易找到

要把话说到点子上，首先要明白话的“点子”在哪里。我们知道，说话的效果受很多因素的影响。不同的话有不同的“点子”，即使同一句话，其“点子”也会因对方的性格和兴趣、说话的时机、说话的环境、言辞的表述方式、说话的角度等因素的不同而相异。因此在生活中，我们必须先看这些因素，然后才能找准“点子”，如果说话不经思考就脱口而出，往往会得罪别人。

有个人为了庆祝自己的生日，特意邀请了四个朋友到家里吃饭。时值正午，三个朋友已经到了，还有一个人，不知道为什么，迟迟没有上门。主人有些着急了，禁不住脱口而出：“真是急死人了！该来的怎么还没来呢？”

有一个朋友听了他的话很不高兴，就对主人说：“你说该来的还没来，意思就是我们是不该来的，那我先告辞了，再见！”说完就气冲冲地走了。

第四个朋友没到，一个人又气走了，主人急得又冒出一句：“真是的，不该走的却走了。”

听了他的话，有个人也生气了：“照你这么说，该走的是我们啦！那好，我走！”说完，他掉头就走。

眼看着又把一个朋友气走了，主人急得像热锅上的蚂蚁，不知所措。剩下的这个朋友和主人的交情比较深，他劝说道：“你看，朋友都被你给气走了，你说话应该留意一下。”

主人很无奈地叹了口气，说：“他们全误会我了，我根本不是说他们。”

这个朋友听了，脸色大变："什么！你不是说他们，那就是说我啦！真是莫名其妙！"说完，他铁青着一张脸摔门而去。

其实，请客的主人原本没有恶意，只是他出言不慎，不仅没把话说到点子上，还语带歧义，结果得罪了所有的客人。

可见，在开口说话之前，一定要先在脑子里过一下，想想应该说什么，怎么说才能说到点子上。

下面我们再以说话的角度为例，说明这些因素的巨大作用。

有这样一个小幽默：两个年轻的修道士同时进入一所修道院，两个人都有抽烟的习惯，为了过烟瘾，其中一个修道士去问老院长："我能不能在祷告的时候抽烟？"结果，他被老院长臭骂了一顿。另一个修道士去问老院长："我可不可以在抽烟的时候祷告？"结果，老院长大大地夸奖了一番，称赞他连抽烟时都想到祷告。

其实，这两个修道士所做的事情是一样的，只不过他们两个人说话的角度不同，就得到了两种截然不同的待遇。

可见，要想获得最佳的表达效果，说话就应该找一个合适的角度，一个合适的"点"。我们在说话之前，一定要思考一下从哪个角度来说才能达到最好的效果。

言辞的表述方式对效果的影响也不容忽视。

初春的一天，一个双目失明的小姑娘坐在路边乞讨。她面前铺了一张白纸，上面写着："好心人，可怜可怜我吧！"大多数路过的人只是上前看了一眼就很快离开了。半天下来，小盲女几乎什么也没有得到。一个大作家路过此地，见状，就对小姑娘说："让我帮你把话改一下吧。"作家把话改过之后，过往的行人看了小盲女面前的字，脸上都会露出怜爱的表情，并且大多都给小盲女留下了钱币。是什么话语有这么神奇的力量呢？原来，作家在白纸上写道："春天来了，可我什么都看不到！"

作家只是把小盲女的不幸与乞求，换了一个全新的表述方式和语气，就达到了震颤人们的心灵、博得人们的同情的效果，结果小盲女收获颇丰。在此，我们不得不感叹作家"化平淡为神奇"的高超的言语表达能力。

可见，话的"点子"究竟在哪里，并不是那么容易找到的，它受很多因素的影响，不掌握一定的技巧很难找到。好在话的"点子"还是有规律可循的，只要我们不轻视说话，把说话当成一项技能去训练，在日常生活中注意语言的学习与积累，说话水平自然就会不断得到提高。

二、说话水平决定事业高度

美国最著名的演说家之一戴普曾经说过：世界上再没有什么比令人心悦诚服的交谈能力更能迅速获得成功与别人的钦佩了。的确，能够把话说到点子上的人，不但可借口才引起旁人的重视，也比一般人拥有更多更好的发展机会。

善于说话容易赢得好人缘

现代社会是一个讲究人际沟通的时代。美国成功学大师卡耐基曾明确指出：事业的成功85%取决于一个人的交际能力，而口才则是衡量一个人交际能力的重要标准之一。一个人交际能力的高低，主要体现在说话的水平上。可以说，事业的成功离不开口才，人脉的兴旺同样需要好口才。善于说话，就能赢得人脉，获得好人缘。

一次，余小姐和几个同事一起去参加省里的业务考试，当她走进考场时，只见自己的桌子上有三个大钉子分布成三角形排列在桌面上，而且冒出很高。如果不注意，这不仅会刮破衣服，同时也会影响答题。余小姐一脸怒气地要求监考老师换桌子，可监考老师说："现在不能换，别违反考场纪律！"余小姐气得柳眉倒竖，连说："真倒霉，不考了。"这时，一位同事见了忙打圆场说："有几个钉子算什么！"余小姐说："你说得轻松，这可是三个钉子，躲都躲不过去呢！"这位同事说："你太幸运了，我还求之不得呢！"余小姐说："你别拿我寻开心了，这么倒霉的事要让你碰上，你还能说幸运？"同事说："你知道这三颗钉子说明什么吗？这叫板上钉钉！说明你今天的三科考试铁定都能过关。"余小姐听后马上转怒为喜："借你的吉言，我今天要是三科都及格了，请你去吃麦当劳。"

这位同事真是个会说话的人，他巧妙地把人们常说的"板上钉钉"与三科考试联系在一起，这样一来，不仅平息了余小姐的怒气，还给了她积极的联想，使她在愉快的心境下参加考试。试想一下，假如你就是余小姐，你会不喜欢这位同事吗？这样会说话、会用巧妙的语言宽慰和鼓励他人的人，不论走到哪里，都会受到别人的欢迎。

在人际交往中，语言是最简便、快捷、廉价的传递信息的手段。一个善于说话的人总是受欢迎的，相反，一个说话张狂无理的人总是受人鄙视的。善于讲话的人，通过出色的语言表达，可以使人对他产生好感，可以与他人友好相处。而一个不善于表达的人，往往会因自己与他人的沟通得不到改善而成为一个孤独的人。

李然和周军是大学同学，两人经常在一起玩，互相之间说话也没什么顾忌，还经常开一些别人看来是“不正经”的玩笑。有一次，两人都应邀参加一位老同学的婚礼。李然一看见周军，又想逗乐了，说：“老兄，你怎么不把‘小蜜’带来呢？”

周军见场上人多，怕影响不好，又不想开玩笑，支支吾吾地说：“你这是什么话，我哪有什么‘小蜜’？”

李然哈哈笑道：“我跟你是什么关系，你那点事还能瞒得过我？”

“你瞎编什么呀，我对我老婆忠心耿耿，怎么会找‘小蜜’呢？”

“得了吧，背地里卿卿我我，潇洒得很，一到了人跟前，就这么不爽快，连承认都不敢。”

周军不敢应战，找个借口溜到一边去了。没想到，这事还没完，因为当时认识周军的人很多，听了李然的话，都以为周军真的找了情人，免不了有一番传说。一来二去，传到周军妻子的耳朵里，便要找周军算账。结果，两人打闹了大半年才把这个问题闹清楚。周军与李然的关系也闹僵了。

像李然这样乱说话，不但破坏了他人的家庭和睦，而且会使自己在交际活动中步履维艰。可见，要想拥有好人缘，就应该首先提高自己的说话水平，把握好该说的和不该说的，在生活中多结缘、少树敌。

一流见解需要一流的表达

在生活中，常常听到“我真佩服某人的口才！”的话。这里所说的口才，就是口语表达的才能，即善于将自己的思想、观点、意见和建议运用最生动、最有效的表达方式传递给听者，对听者产生最理想的影响效果。换句话说，也就是把话说到点子上。一个人的口头表达能力主要包括：在各种会议上的演讲能力；对不同对象的说服能力，以及面对复杂情况应付各种“对手”的答辩能力。

语言表达能力是一个人的一项重要能力，也是一种基本功。语言能力反映人的思维能力、社交能力以及性格和风度。一个人在工作中主持会议，制定政策，上传下达工作指令，接待来访，参加社交活动，发表演讲和个别交谈……都需要语言表达能力。

一个人的语言能力主要表现在语言的分量、语言的逻辑性和语言的幽默感三个方面。语言的分量是由词意和态度两因素构成。词意是指语言的含义，态度是指表达时的轻重缓急和所持的表情和情绪。语言的词意要求语言能准确地表达思想，不要词不达意，废话连篇。

一个人需要注意语言分量。比如在批评下属时，贬义的语言分量过重，容易令人伤心，背上思想包袱；如果过轻，则达不到启发人、震动人、教育人的目的。反过来，在夸奖下属时，褒义的语言过重，容易使人骄傲自满；过轻则对人起不到鼓舞作用，也许会令人失望。

语言的逻辑性就是要使语言严谨、有条有理、无懈可击、令人信服，要做到前后呼应。因果联系紧密，这样就能紧扣听众的心弦，否则，就会显得啰唆、冗长、言之无物，令人乏味。

语言的幽默感能使一个人更好地团结别人，营造轻松、愉快的气氛，促进与他人的思想和感情的交流，使群众更容易接受自己的观点、主张和思想意图。同时也有助于改善一个人的形象。

历代政治家、军事家、社会活动家都十分重视发挥自己的表达能力。大名鼎鼎的英国前首相温斯顿·丘吉尔是一位非凡的演说家，第二次世界大战时，他的一次演说据说不仅使当场的几千人激动不已，而且通过有线广播让几百万人入迷，鼓舞了国民的斗志，激励广大国民与法西斯血战到底。革命导师列宁不但是一位非凡的政治家、理论家，而且是一位伟大的演说家。斯大林曾赞扬说，列宁的演说具有非凡的说服力，简短通俗的词句没有半点儿矫揉造作的色彩，他不玩半点儿令人昏眩的手势，不用半点儿故意刺激听众的辞藻——所有这些，都使得列宁的演说比当时的演说家高明得多。

现在，我们生活在和平的环境下，虽然不需上述那种慷慨激昂的战时演说，但前人所表现出来的语言的魅力仍令我们赞叹不已。无论在哪个领域，人们在各种场合下都需要表达自己的见解，从毛遂自荐、商务洽谈到发表施政演说，从接待中外来宾、发表祝词，到出席宴会、发表谢词等等，表达能力作为一种基本技能，在现代社会被越来越多的人所拥有，它的作用越来越显得重要。

表达本身并不是目的，而是让别人了解自己见解的一种手段。特别是想要在短时间内向许多人传达大量的信息时，更需要准确把握语言的“点子”。表达能力已成为现代人必须具有的重要能力，更是创造型、开拓型人才的必备素质，有志成功者不可忽视。

高超的说话水平是事业的发动机

人们活着，是为了做成一些事情，成就一些事业，实现为自己、为他人、为社会而设定的某些理想和某些目标。而抵达这一理想境界的一个重要通行证就是语言，就是高超的说话水平。

春秋战国是我国舌辩之士的鼎盛时期。纵横家们游说列国诸侯，或献合纵之计，或献连横之策，一言既出，天下大变。名流之士凭着三寸不烂之舌，得宠于君王，官至一人之下，万人之上，好不得意。

张仪以舌辩之才当上了秦国的宰相，但他最初只不过是魏国的落魄贵族的后代。有一次，张仪到楚国游说时跟楚国宰相饮酒，不久楚相丢了一块玉璧，门客们便怀疑张仪，说：“张仪贫穷，品德不好，一定是张仪偷去了玉璧。”人们于是把张仪绑起来，拷打了几百下后才释放。张仪的妻子说：“唉！假如你不读书游说，怎会受到这样的侮辱？”张仪却对妻子说：“你看看我的舌头还在吗？”妻子忍俊不禁，说：“舌头还在。”张仪说：“这就够了！”后来，张仪果然凭着辩才雪了耻，还取得了秦国的宰相之位。

与张仪同时代的苏秦，最初在秦王那里遭到冷遇，不得已穷愁潦倒而归。他的父母因他没出息而不认他这个儿子，他的嫂子甚至在家中指鸡骂狗，不给他做饭吃。他受尽了羞辱，于是头悬梁、锥刺股，秉烛读书通宵达旦，终于提出了联合抗秦的合纵论，并且苦练舌辩功力，成为能言善辩的饱学之士。他再次游说列国诸侯，宏论阔议，倾倒六国君王，最终挂上了六国相印。

嘴巴创造的奇迹令人叹为观止。高超的说话水平简直就是事业的发动机。

当今社会是一个充满竞争与合作的信息化社会，口才更是直接关系个人事业成败的重要因素。生活中有“一言既出，驷马难追”之说，工作场合有“一语定乾坤”之说，生意场上有“金玉良言，利益攸关”之说。可见，在现代社会中，是否能说，是否会说，关系着一个人事业的成败。

美国资产阶级革命时期著名的政治家、外交家富兰克林说过：“说话和事业的进步有很大的关系。”美国人类行为科学研究者汤姆士也指出：“成名是说话能力的结晶。说话能力能使人显赫，鹤立鸡群；能言善辩的人，往往受人尊敬、爱戴和拥护。它使一个人的才学充分扩展，熠熠生辉，事半功倍，业绩卓著。”他甚至断言：“发生在成功人物身上的奇迹，一半是由口才创造的。”

当前，越来越多的人把说话水平作为衡量优秀人才的重要尺度，每个公司、企业招聘各类人才，都要进行口试。在日本，一些大公司在招聘人才进行面试时，还专门就说话能力规定了若干不予录用的条文。其中有：

①应聘者声若蚊子者，不予录用；

②说话没有抑扬顿挫者，不予录用；

③交谈时不得要领者，不予录用；

④交谈时不能干脆利落地回答问题者，不予录用；

⑤说话无生气者，不予录用；

⑥说话颠三倒四、不知所云者，不予录用……

上述这些事实表明：说话能力与事业的关系甚为密切，它是胜任本职工作最重要的条件之一。知识就是财富，口才就是资本。说话水平高，能说会道，你的才干就可以通过言语充分地显露出来，你的良好形象就可通过口才具体地展现出来，助你在事业上走向成功。

三、善于“谈”情“说”爱才会拥有幸福

一个人即使不想拥有多么辉煌的事业，至少也希望拥有美好的爱情和幸福的婚姻。两个人从相识相知到相爱相伴，每个阶段都少不了沟通。有道是：谈情说爱。是否善谈，是否会说，无疑对恋爱和婚姻能否甜蜜幸福有着巨大的影响。

谈恋爱靠的是“谈”

看到标题，可能有人觉得有点怪，什么谈恋爱就是要“谈”恋爱啊？实际上恋爱真的是谈出来的。从相识、相知、相恋，两个人都在不断地谈，所以人们才把这一过程叫作“谈恋爱”。就算现在流行的“网恋”，也是素不相识的男女在网上没日没夜地谈出来的。

所谓的谈，其实就是一个从沟通到了解，到最终融合的过程。爱情生于心，形于外，寓于言行。一见钟情并不多见，但它也不是

凭空产生的，情感最初的萌芽也要有一定的基础，那就是外貌、气质等等，之后通过交流和交往逐渐加深，这一过程中言语是工具，甚至是手段。

恋爱其实就是为了达成婚姻而进行的谈判，因此，能不能实现理想婚姻，取决于恋爱双方会不会“谈”恋爱。

许多人认为每个人天生就会谈恋爱。其实并非如此。在谈判中，任何一方都可以采取允诺、威胁、授权、调停、放弃等办法，而在人们的恋爱过程中，这些几乎也都毫无例外地要用上。

能够凭借双方的默契走进婚姻的殿堂，这是一种难得的幸运，这种美事往往只能在青梅竹马、两小无猜的情况下出现。这种默契的产生，是要以彼此公开全部信息为前提。所以大部分的婚姻都必须通过“谈”恋爱！

虽然俗话也说“男追女，隔座山；女追男，隔层纱”，但实际上，容不容易谈成恋爱并不取决于男的主动还是女的主动，而是取决于你谈恋爱的能力。在恋爱过程中，真正的“谈”恋爱的能力不是取决于自己有没有强大的经济基础或良好的教育背景，或者出色的身材相貌，而是取决于恋爱者的表达能力，以及在表达的过程中所表现出来的自我约束能力。

恋爱中的男女往往比恋爱之前有更好的自我约束能力，这种保证对方幸福的自我约束能力就是爱情的可信承诺。爱情的可信承诺需要表现为实际行动，也需要表现为口头承诺！

恋爱是两个人的事情，做出可信承诺只是加快获得对方认可的重要方法，毕竟谈恋爱的最终目标是童话故事里描绘的“从此过上幸福的生活”。如果你做出了可信承诺，而对方对你的承诺不能做出相应的回应，那么你只能算是“剃头挑子一头热”；如果不是你压根儿就没有入对方的法眼，那么就是你表达承诺的效果不好，其可信度还不够，还不能打动对方！

所以在很多时候，恋爱时只默默地付出真心还是不够的，它需要正确的表达，需要口才的帮助，这样才可以得到美好的爱情，感受甜蜜和幸福！假如谈的功夫不够，就算紧抓了双手也会很容易分开的。

夫妻恩爱需要经常沟通交流

谈恋爱的时候，两个人常常有谈不完的情，说不完的爱；但结婚后，特别是结婚久了，激情就会逐渐淡化，再加上工作的忙碌和生活的压力，夫妻之间的话常常越来越少。这种现象如果不加以改变，很可能会造成婚姻危机，让本来相爱的两个人各奔东西。

一般来说，如果一方在婚姻生活中要求严厉、苛刻的话，就会使另一方不能够有效地倾听或者与对方沟通，这样会使夫妻慢慢地走向分离。一般是女性比较容易这样，话很强硬，带有批判性，虽然她本无恶意，产生的效果却是非常严重的。

许多夫妻就是因为彼此间使用了不良的说话方式而导致夫妻关系的疏离，从而产生了形形色色的婚姻与家庭问题。因此有人说，从某种意义上讲，交流不畅、沟通低效才是夫妻关系的“第三者”，是它造成了夫妻间的不忠。

在相对幸福的婚姻中，大多数冲突并没有在夫妻双方间得到真正解决，只不过有的夫妻学会了在情感上沟通和通融，接受对方的一些与自己相反的爱好、兴趣和习惯，而这些是夫妻之间不同的人生观与生活方式和自然秉性上的差异所造成的，是很难改变的，所以必须提高应对冲突的能力，而这种能力则突出表现为耐心地倾听和良好的交流与沟通能力。

善于倾听对方也是会说话的一种体现，它有利于自己理解对方，更有利于双方的有效沟通。关于这一点，本书后面的章节中将专门讲述。

专心倾听伴侣说话，是融洽婚姻双方关系的润滑剂。有时候我们周围的朋友会经常这样抱怨："他从来不听我说话。"或是"她根本不了解我心里的感受"。这是他们的婚姻出现问题的一个迹象，而专心倾听对方说话会使你的婚姻更加健康。

当别人神情非常专注地听我们说话，并说："还有呢？"或者是"接下来呢？"我们会觉得有一种被重视、被了解、被接纳的感觉。夫妻间的积极倾听更是如此。

要记住，夫妻之间一开始就要打下良好的沟通基础，这是创造成功两性关系的最佳利器。夫妻之间出现问题应及时通过交流解决，不能长时间积累。最好是解决最近发生的事情，"就事论事"，不要一吵架就把以前的陈年旧账搬出来。此外，用什么样的方式进行交流也是很重要的。如果把难说出口的话用一种平静的语气说出来，并尽量客观地阐述事实，有助于夫妻进一步交流和解决问题。例如，有些人很爱生气，全身充满了怒气，甚至认为不用"生气"的语气说话就不会受到重视；有的男人认为如果自己不吼叫，就不像个男人；也有的女人用这种方式表达自己的存在，甚至被人们戏称为"我的野蛮老婆"。

还有另外一种情况可能妨碍交流，那就是生活的压力。很多人不是不想倾听或者交流，而是没有心情。客观上，人只有更努力才能改变生活质量，所以就只好把用来和伴侣说话的那份浪漫心情用在工作上。这时伴侣就可能认为对方开始冷淡自己。另一方面，生活压力也会导致脾气暴躁，也给沟通带来了障碍。所以，要想拥有和谐的婚姻，还要学会给自己减压。

最后要提醒的是，不要认为交流和倾听来自不相关的两个方向，这两者应该是完美的结合。倾听和交流其实也是理解对方。理解别人是一件不容易的事，理解自己的爱人就更是一件困难的事。彼此相爱的人生活在一起，重要的往往并不是生活得富裕与否，而是能否相互理解，相互倾听对方说话。在两个人的世界里，任何时候都应该给予对方说话的权利，给予对方表达自己的思想和感情的权利。不管自己能否接受对方的话，都应该尽自己的耐心去倾听，尽自己最大的努力去交流，去理解。这是彼此相爱、彼此生活在一起的人达到和谐状态的重要途径，也是爱的见证。彼此能够相互倾听对方说话，理解对方，彼此的心灵也就找到了能够抚慰自己、安顿自己的家园，往外跑的可能性也就大大减少了。

能讲虽好，但家却不是讲理的地方

很多人把口才理解为能言善辩，在和别人争论的时候总能占上风。其实，真正会说话的人，不仅知道怎样言、如何辩，更知道什么时候该争，什么时候不该争。

家，就是一个不该争的地方。人生风云难测，爱情和婚姻也不会一帆风顺，恋人和夫妻之间也难免会有磕磕碰碰。当双方之间开始据理力争时，家里便开始阴云密布。两个人都会不自觉地各抱着一堆自认为有理的理，敌视对方，伤害对方，最后两败俱伤，难以收拾。多少夫妻为了表面一个“理”，落得负心无情的名声，就是因为他们不知道“家不是讲理的地方，不是算账的地方”。

家不是讲理的地方，家是讲爱的地方。爱一时很容易，爱一生一世却不容易。

如果两个人不可避免地出现了家庭战争，这里有一些适用法则可以用来缓解战斗：

——两人绝不能同时发火。如果有一人生气了，另一方一定要尽量劝慰，起码不能火上加油。

——既然你们家并没有着火，那么对配偶轻声细语一点吧。

——谦让是一种美德。如果两人发生意见分歧，让你的配偶成为胜方。

——如果你要批评配偶，必须以亲切的口吻说话。

——不可重复犯错。

——可以忽视整个世界，但不能忽视配偶，因为配偶就是你的整个世界。

——双方发生矛盾，最好不要过夜，最好不要冷战。冷战是一种破坏性的沉默，具有很大的杀伤力。

——爱永远是幸福婚姻的润滑剂。每天至少对你的伴侣说一句亲切的或赞美的话。

——无论何时做了错事，都承认它并请求对方原谅。

——请记住，一个巴掌拍不响，吵架一定是两个人的事。

除了上述几点外，适当运用幽默也是避免和化解家庭矛盾的良方。正如上面所说，家庭不是讲理的地方，夫妻之间不需要太多严肃认真、正儿八经的是非理论。幽默的话语就能消融夫妻之间的疙疙瘩瘩，使夫妻间的不愉快迅速化为乌有。

有这么一个小故事：

两口子吵架，妻子闹着要同丈夫离婚。他们去县法院的路上，要经过一条不太深但很宽的小河。

到了河边，丈夫脱掉鞋子，似乎习惯性地说："上来吧。"

丈夫背着妻子过了河。他们没走多远，妻子说："算了，咱们回去吧！"

丈夫诧异地问："为什么？"

妻子不好意思地低着头说："离婚回来的时候，谁背我过河呢？"

这位妻子的幽默所表达的是一种委婉的妥协，既不损及自己的颜面，又能同爱人友好地和解。一场离婚风波就这样悄无声息地过去了。

夫妻之间，貌似自嘲或嘲笑的幽默还常常能够迅速弥补双方之间的个性差异与感情裂痕，拉近双方的心理距离。下面就是一个这样的故事：

丈夫看见失业的妻子一点儿也不着急找新工作，于是对她说："你怎么一点儿都不懂得废物利用？"

妻子回答说："因为很懂得，所以才嫁给了你。"

丈夫本想教训妻子一顿，却被妻子幽默地驳回，丈夫自然会反思自己没有能耐，还要妻子跑出去赚钱。

记住，在婚姻和家庭生活中，在某些特殊的时刻，损人或贬低的话语可能会造成不可磨灭的伤痕，在这种时候，我们要像上面故事中的妻子一样，尽量运用幽默进行妥当化解。

夫妻俩吵得很凶，老婆气得直说：“我真后悔嫁给你，早知如此，我就嫁给魔鬼了！”

“不行，你不能这样做，你难道不懂近亲结婚是法律所不允许的吗？”

面对盛怒的妻子，丈夫幽默地把她比作了魔鬼，从而让妻子在笑声中冷静了下来。

幽默与逻辑格格不入，就像家庭与道理格格不入一样。家与幽默的这种相通之处提醒我们，让幽默长驻家庭，用幽默冲淡家庭中不时出现的理性喧嚣，用幽默去化解夫妻之间的各种矛盾，对于建立幸福的家庭将大有好处。

四、讲话有韵味，影响力加倍

含蓄是中国人情感交流的主调。在面对亲情、友情和爱情的时候，朦胧一点，含蓄一点，温暖一点，把感情精心地、小心翼翼地流露在交流中，常常会得到意想不到的超凡效果。毕竟交流的本意是山水的缠绵，而不是横刀立马。

委婉含蓄比竹筒倒豆子要高明

委婉含蓄是运用迂回曲折的语言表达本意的方法。在日常生活中，有人不喜欢听直来直去的话，特别是谈一些不高兴或是别人忌讳的事。从背后或从其他角度委婉含蓄地把话说出来，听者会觉得很受用，这样会让听者思而得其意，而且越揣摩，似乎含义越深、越多，因而也就越有吸引力和感染力。同时，与有矛盾和有意见的人说话，还会使矛盾在委婉之中自然而然地失去火力，既不激化矛盾，又能解决矛盾，使人与人之间的关系更加和谐，使自己的形象更易于他人接受。

说话委婉含蓄是一种艺术，它体现了说话者驾驭语言的技巧，一条弯弯曲曲的小径比一览无余的大道更能令人愉快一些，“委婉含蓄”要比“竹筒倒豆子——一吐无余”高明得多。“言有尽而意无穷，余意尽在不言中。”把重要的、该说的部分故意隐藏起来，或说得不显露，却又能让人明白自己的意思，这就是所谓“只可意会，不可言传”。

委婉含蓄是人际交往的润滑剂，一句含蓄的语言能使双方在笑声中相互谅解和愉悦。

作家冯骥才在美国访问时，一位美国朋友带着儿子到公寓去看他。他们谈话间，那位壮得像牛犊的孩子爬上冯骥才的床，站在上面拼命蹦跳。如果直截了当地请他下来，势必会使其父产生歉意，也显得自己不够热情。于是，冯骥才便说了一句含蓄的话：“请你的儿子回到地球上来吧！”那位朋友说：“好，我和他商量商量。”结果既达到了目的，又显得风趣。

说话委婉含蓄不仅对于人际交往很重要，对商品的销售也会有很大影响。

一年冬天，有一家父子俩在镇上卖便壶（俗称“夜壶”，旧时男人夜间或病中卧床小便的用具）。父亲在南街摆摊，儿子在北街摆摊。没过多久，儿子的地摊前就来了看货的人。其中一个看了一会儿，说道：“这个便壶大了些。”儿子马上接过话茬说道：“大了好哇！装的尿多。”本来想要买货的人听了，觉得小伙子的话非常不顺耳，于是扭头就走。

在南街摆摊的父亲也遇到了顾客说便壶大的情况。当听到一个老人自言自语说“这便壶大了些”之后，父亲马上笑着轻声地接了一句：“这便壶大是大了些，可您想一想，冬天夜长啊！”几个正在犹豫的顾客听了他的话，都会意地点了点头，纷纷掏钱，买走了便壶。

父子二人在同一个镇上做同一种生意，儿子的生意冷清，而父亲的生意红火，结果大不相同，根本原因就在会不会说话上。我们不能说当儿子的话说得不对，确实，大便壶装的尿多，他是实话实说。但不可否认，他的话说得很没有水平，言语粗俗，难以入耳，令人听了很不舒服。本来，买便壶不同于买脸盆，其中毕竟还有些私密的因素在里面。人们可以拿着脸盆大大方方地在街上走，但若拎着个便壶走在街上，就多少有些不自在了。此时，儿子直通通的大实话怎么不使买者感到几分别扭？而那个父亲则算得上是一个高明的商人。他先赞同顾客的话“大是大了些”，以认同的态度拉近顾客的距离，然后，又以委婉的口气说“冬天夜长啊”，这句看似离题的话，实际上说得实在高明，并且丝毫没有强卖之嫌，又富于启示性。这句话的潜台词是：冬天天冷夜长，夜解次数多且又怕冷不愿意下床是自然的，大一点的便壶正好派上用场。这委婉含蓄又设身处地的善意提醒，顾客自然心领神会。卖家说得在理，顾客掏钱买货也就是很自然的事情了。其实，父子两个表达的是相同的意思，但是父亲用一种文雅含蓄的方式巧妙地表达了相同的含义，结果就大不相同了：儿子一句话砸了生意，父亲一句话盘活了生意！

说话委婉含蓄有时还能挽救一个人的生命。

《三国演义》第七十九回中说，曹丕即王位之后，想加害他的弟弟曹植，命曹植应声作诗一首，要求以他与曹植兄弟为题，但诗中不许出现“兄弟”字样。曹植即说道：“煮豆燃豆萁，豆在釜中泣。本是同根生，相煎何太急！”曹丕听后，不由得潸然泪下。

曹植用非常含蓄感人的语句表达了他的感情。这首诗讲的是豆与豆萁相煎的关系，而实际上要表达兄弟相残的关系。这样的含蓄劝诫怎能不使曹丕感动呢？

姜夔曾说过这样的话：“语贵含蓄。东坡云言有尽而意无穷者，天下之至言也……若句中无余字，篇中无长语，非善之善者也。句中有余味，篇中有余意，善之善者也。”说的就是含蓄这种语言的魅力。

以委婉的方式表情达意的 6 个技巧

以委婉代替直言是语言运用能力的体现，也是我们在社会上安身立命的客观要求。那么，如何才能恰当地使用委婉含蓄的方式表情达意呢？总结起来，大致有下面 6 个技巧。

（1）故事式委婉法

某机关为了加强管理，在工作考勤等方面作了一系列规定，并决定由一位老同志负责考勤登记。这位老同志认为这项工作易得罪人，不愿意干，说自己过去就是因为办事太认真，得罪了不少人，正在吸取“教训”。

听了他的话，机关领导委婉地讲了一个故事：某电影导演为拍一部片子四处寻找合适的演员。一天，发现了一个合适人选，便通知他准备试镜头。这个人十分高兴，理了发，换上新衣，对着镜子左照右照，总觉得自己两颗“犬牙”式的牙齿不好看，于是到医院把牙齿拔掉了。然后，他兴致勃勃地去报到，导演见到他，失望地说：“对不起，你身上最珍贵的东西，被你自己当缺陷给毁了，影片已经不需要你了。”

故事讲完了，这位老同志懂得了“坚持原则，办事认真”正是自己最珍贵的品质，他便愉快地接受了任务。

（2）笑话式委婉法

某单位几位老同志反映，晚上机关宿舍住在楼上的青年同志不注意保持安静，老同志在楼下睡不好。机关领导和这些年轻人闲谈时，讲了一则笑话进行暗示：

有个老头神经衰弱，稍有响动，就很难入睡，恰好楼上住了一个经常上晚班的小伙子。小伙子每天下班回家，双脚一甩，鞋子“噔噔”踢下，重重地落在地板上，每次都将好不容易才入睡的老头惊醒。

老头提了意见。当晚小青年下班回来，习惯地把脚一甩，踢出一只鞋子后，突然记起老头的话，于是轻轻脱下第二只鞋。第二天一早，老头埋怨小伙子说：“你一次将两只鞋甩下，我还可以重新入睡，你留下一只不甩，害得我等你甩第二只鞋等了一夜。”

笑话说完，小青年们哄堂大笑之后悟出了笑话的所指，以后就注意改正了。

（3）岔题式委婉法

请看下面一段对话：

甲：老何这个人什么都好，就是有点好大喜功。

乙：昨晚播了《红楼梦》第一集，你看了吗？

甲：没看。你知道吗，向市里上报的材料尽说好话，把老何捧上了天……

乙：唉，你不看真可惜，看了就能知道跟电影相比到底哪个拍得好。

不难看出，乙一再岔题，是为了委婉地向甲表明：他不愿意背后随便议论别人。如果甲能知趣，说话至此，也该停止对老何说短道长了。

（4）讳饰式委婉法

这是用委婉的词语表示不便直说或使人感到难堪的事情的方法。

有时，即使动机好，如果语言不加讳饰，也容易招人反感。比如售票员说：“请哪位同志给这位‘大肚子’让个座位。”尽管有人让出了座位，但孕妇却没有坐，“大肚子”这一称呼，使她难堪。如果这句话换成：“为了祖国的下一代，请哪位热心人，给这位‘有喜’的妇女大姐让个座位。”当有人让出座位时，这位孕妇就会对售票员表示感谢，并愉快地坐下。

（5）借用式委婉法

借用式委婉法，是借用一事物或他事物的特征来代替对事物实质问题直接回答的方法。

在纽约国际笔会第四十八届年会上，有人问中国代表陆文夫："陆先生，您对性文学怎么看？"陆文夫说："西方朋友接受一盒礼品时，往往当着别人的面就打开来看。而中国人恰恰相反，一般都要等客人离开以后才打开盒子。"

陆文夫用一个生动的借喻，对一个敏感棘手的难题，婉转地表明了自己的观点——中西不同的文化差异也体现在文学作品的民族性上。以上例子，实际上是对问者的一种委婉的拒绝，其效果是使问话者不至于尴尬难堪，使交往继续进行。

（6）曲语式委婉法

曲语式委婉法，是用曲折含蓄的语言和商洽的语气表达自己看法的方法。

《人到中年》的作者谌容访美。在某大学做讲演时，有人问："听说您至今还不是中共党员，请问您对中国共产党的私人感情如何？"谌容说："你的情报很准确，我确实还不是中国共产党党员。但是我的丈夫是个老共产党员，而我同他共同生活了几十年尚无离婚的迹象，可见……"

谌容先不直言以告，而是以"能与老共产党员的丈夫和睦生活几十年"来间接表达自己与中国共产党的深厚感情。有时，曲语式委婉法比直接表达更有力，这种曲语式的委婉用语，真是利舌胜利剑。

除了上述几种方法外，使语言委婉含蓄的技巧还有很多，例如巧用语气助词，把"你这样做不好"改成"你这样做不好吧"。也可灵活使用否定词，把“我认为你不对”改成“我不认为你是对的”。还可以用和缓的推托，把“我不同意”改成“目前恐怕很难办到”。这些都能起到软化语言的效果。

如何含而不露地表白自己的爱意

有人说，人生是一首奇妙的变奏曲，爱情是那令人迷恋的交响乐。的确，生活需要爱情，那么恋人之间该如何表达爱意呢？这就要靠语言来完善感情交流。

但是语言是有含蓄和率直之分的，就中国的人文环境来说，最好是含蓄地表达爱情。现在有些青年喜欢用狂热的语言、露骨的方式白热化地向自己倾慕的人表达自己的爱情，它缺乏一种宁静的含蓄之美，结果往往是引起对方的反感，弄得事与愿违，最终还是分手了。

马克思曾经说过，“在我看来，真正的爱情，是表现在恋人对他的偶像采取含蓄、谦恭甚至羞涩的态度”。含而不露的表白，能达到“插柳而不让春知”的效果，既文雅又知礼，这就让人们易于接受。这种方式最适合于双方早已认识并有较多的了解，而且双方又都具备一定的教养。这样发出的信息比较模糊，不至于对方一拒绝就无法挽回。即使被拒绝，也不至于使双方都十分尴尬。

现代的一些小青年尽管崇尚率真和自由，但大多数人在表达爱情的时候，还都会选择含蓄的表达方式，并且还发明了不少新的“招法”。

（1）找借口创造机会表达爱意

某高校，男同学小丁暗恋上了一同上课的外系女生晓晓。虽然一起上课，但没有说话的机会。眼见课程就要结束，以后再没有一起上课的机会了，可又不想就此放弃，失去大好机会，于是，在最后一节课下课的时候，小丁趁晓晓周围没有其他同学，跑过去对晓晓说："同学，我见你也经常到 ×× 教学楼上自习，以后我们可以一起上自习吗？"晓晓看着红头涨脸的小丁，马上明白了他的意思，犹豫了一会儿，终于点头。以后两人经常一起上自习，出双入对。

因为是第一次同晓晓说话，小丁不敢贸然表达自己的爱意，于是就找了以后一起上自习的借口，为自己创造机会。聪明的晓晓自然明白小丁这句话背后的潜台词就是"我们可以做朋友吗"。这样的表达比起那些直白的诸如"你能做我的女朋友吗"之类的表达要高明得多。它既不会让女生感到害羞，又无伤自己的面子，即使遭到拒绝，也无伤大雅。

（2）借物传情

马克思在向与他青梅竹马，从小一起长大的燕妮表达自己的爱情，提出求婚时说：

"我已爱上一个人，决定向她提出求婚……"

此刻，一直深爱着马克思的燕妮心里急了，她问："你能告诉我吗，你所选择的恋人是谁？"

"可以。"马克思一面回答，一面将一个小方盒递给了燕妮，并接着说，"在里边，等我离开后，你打开它，便会知道。"

马克思走后，燕妮怀着忐忑不安的心情，小心翼翼地打开小盒子，里面只有一面镜子，镜中照出了燕妮自己美丽的容貌，燕妮顿时恍然大悟。

第二章

精准表达是个技术活

一、侃侃而谈的前提是心理放松

要想把话说好，首先要敢于说话。事实上，很多人并不是不知道怎样说，也不是不想说，而是缺乏说的勇气。无数事实表明，越是羞怯和紧张，越不能发挥正常水平；相反，如果你有一种轻松自信的稳定心态，往往会超水平发挥。

如何有效地克服羞怯心理

有的人很羞怯，与他人很少说话，见了陌生人更是张不开嘴，即使心里想说，一时也找不到话题，不知该说什么好，甚至手足无措，脖子、脸通红，特别是遇到异性，更是紧张异常，手心冒汗。这类人的心里也希望和别人交流，很愿意走近别人，但就是存在羞怯心理，也就是俗话说的脸皮太薄，总觉得不太好意思。他们常常担心自己说不好，或者担心：我走过去和他（她）说话，对方会不会觉得我太唐突？他（她）会不会不理我？等等。

这种羞怯是一种常见的人际交往障碍，羞怯的人在交往过程中过多约束自己的言行，以致无法充分地表达自己的思想感情，不利于人际关系的正常发展。

通常，每个感到自己有羞怯心理的人都想将之克服，但为什么有的人改变了很多，而有的人却依然原地踏步呢？原因就在于他们是否真正明白产生羞怯的原因，以及有没有掌握一套改变现状的有效方法。

羞怯有先天因素，也有后天因素。先天因素是：有些人生来性格内向，气质属于黏液质、抑郁质类型，喜欢清静，寡言少语，说话低声细气，怕见生人，在生人面前往往感到手足无措，常怀有一种胆怯的心理。随着年龄的增长，可能在程度上会有所减轻。后天因素有：一是与自我意识有关。随着年龄的增长，自我意识逐渐加强，敏感于别人对自己的评价，希望自己有一个“光辉形象”留在别人的心目中，为此，他们对自己的一言一行非常重视，唯恐有差错。由于过分注意自我，说话做事要有绝对的把握才敢做，缺乏主动性。这种心理状态导致了他们在交往中生怕被人耻笑，因此表现得不自然、心跳、腼腆。长此以往，便不愿频繁地与人接触，羞于在公开场合讲话。二是缺乏自信。有些人总认为自己没有迷人的外表，没有过人的本领，属能力平平之辈，因此他们在交往中没有信心，患得患失。长期的谨小慎微不仅使他们体验不到成功的喜悦，而且使他们更加不相信自己的能力。这种低估自己的认知偏差常常是导致害羞的最重要的原因。三是挫折经历。有些人以前并不害羞，原来的性格开朗大方，与人交往积极主动，但由于复杂的主客观原因，屡屡受挫而变得胆怯畏缩、消极被动。

那么，如何有效克服羞怯心理呢？

第一，接受自己“羞怯”的现实。

人的性格是在生活过程中逐渐形成的，如果你已经形成了羞怯的性格，不要刻意追求奔放和外向，就像“邯郸学步”一样，到头来把自己的优点都丢失了。要认识到羞怯的人身上有很多长处，勇敢地承认自己就是“害羞”，同时也承认他人的长处，这样，当别人注意到你的羞怯时，你才不会紧张和掩饰自己，采取随和的态度，也只有这样，同别人的关系才能密切和友好。应顺其自然地表现自己，不要老是考虑别人会怎样看待自己或自己怎样迎合别人；相信自己在别人心目中的形象并不差，而别人也不是十全十美，自己是一个同别人一样有思想、有性格、有自尊的独立、完整的人，甚至在某些方面还强于他人。

永远不要无缘无故把自己说得一无是处。我们每个人都有做错事的时候，但这并不表示你永远是笨拙的。也许你有些缺憾，比如眼睛小了点，鼻子又大了点，但其实这才是你的特点，好莱坞的大嘴美女们不也是数不胜数吗？

第二，多参加团体活动，增加与他人接触的机会。

刚开始参加团体活动时会感到不适应，很紧张。教你一个小方法：当你和别人在一起的时候，无论正式或非正式的聚会，应该记得手上握住一件东西，如一本书、一块手帕或其他琐碎的小东西，这样可产生一种比较舒服和安全的心理效应，从而有助于消除紧张和羞怯感。

在团体活动中，可以学会同各种各样的人打交道。刚开始时不要急于求成，可以坐在不起眼的地方，观察别人的表现，看他们是如何展示自己的。然后，觉得自己有把握了，可发表一两句意见。要鼓起勇气迈出第一步。万事开头难，迈出可喜的第一步后，伴随着从未有过的成功体验和对自己的重新评价，便会开始相信自己的能力。研究表明，一个非常怕羞的人，当他在陌生场合勇敢地讲出第一句话以后，随之而来的将不再是新的羞怯，而很可能会滔滔不绝起来。如果有第二次、第三次的成功，就会对自己形成一个比较稳定的自我肯定模式，羞怯心理就会悄无声息地消失。要有意识地训练自己与不同性格、不同气质、不同年龄的人说话的胆量与能力。遇到聚会、联谊时，要善于寻找时机与周围的人攀谈，关键时刻要勇于表现自己，相信自己一定能行。遇事多采取主动态度。当你大胆尝试着与人交往时，会感到现实要比想象的简单、容易得多。

与人谈话的时候，用眼睛望着对方，并且声音稍稍放大一点，让对方听清你要讲的是什么。别人没有应答你的话时，要再重复一遍，害羞的人常常忘了这点。不要替自己找理由说是别人对你的话不感兴趣。

别人打断你的话时，要想办法继续把话说完。其实对方未必对你的话不感兴趣，所以下次不要把中断谈话当作逃出人群的借口。

第三，做有心人，记下让你感到不安的事情。

当你记下你的害怕与担心时，你会觉得这些害怕和担心不可思议，而且完全没有必要：这是极有效的自我调整方法，并且你可以为此预先做好克服它的准备。比如你演讲时，拿讲稿的手会抖，你不妨把讲稿夹在写字板上，这样拿在手上就可能不会抖了。再比如面试时，也许你担心交谈中会缺乏应变能力，那么你不妨在交谈前先猜想对方将怎样提问，把要回答的话想好，甚至自言自语地进行不懈的练习，这样就能临场不惧，应付自如。

第四，改变你的身体语言。

羞怯的人往往给人以孤僻、冷傲的表象特征，而实际上他们内心深感胆怯、孤独与渴望交流，但因为其表象使人们无法了解这些信息，因而人们往往远离他们或以同样的冷傲不屑对待他们，从而令羞怯的人越发感到不安。改变这种状态的最简单的方法就是改变身体语言。人际交往的身体语言中，最具魅力的是微笑。微笑是友善的表示、自信的象征。微笑可以使你摆脱窘境，可以缩短你与他人之间的感情距离，可以化解朋友间的误会，同时，微笑可以减少你羞怯的感觉。

当然，这就像改变其他行为一样，刚开始时总觉得不好意思，觉得还是回到老样子更舒服些。此时你不妨先将一切担心往好的方面想，最重要的是不要在乎那些害怕心理，慢慢地就会发现自己变成了另外一个人。一般人总认为是有了勇气才去行动，恰恰相反的是，人往往是有了实际行动的鼓励才会有勇气。心动不如行动，只要去说去做，你就会变得越来越大方自信。

怎样消除当众说话时的紧张感

很多人在和别人单独聊天的时候可以挥洒自如，但如果要他在很多人面前说话，他就会紧张。不仅会脸红脖子粗的，甚至还可能语无伦次。

当众说话时的紧张感，极大地抑制了人们自身具备的语言潜能的发挥，也使其公众形象在一定程度上打了折扣。实际上，紧张只是一层窗纸，如果我们能勇敢地去捅破它，再面对很多人的时候就可以侃侃而谈、无所畏惧了。那么怎样消除紧张感呢？

当众讲话时之所以紧张，大多是因为怕自己讲不好。因此，要消除紧张感，先要做好充分的准备。林肯说：“即使年纪一大把，经验一大堆，如果无话可说，也免不了要为此难为情。”只有准备充分才有完全的自信。

数年前，一位非常显赫的政府官员要在纽约的一次午餐会上做主持人，上千名听众都在等着听他讲话，想听一听他部门里的工作情况。可他一上台，人们就发现他没有准备。刚开始他想即兴讲讲，结果却无话可说。于是他从上衣口袋里掏出一叠笔记来，想找一点可说的东西，但笔记杂乱无章。他心里越紧张，说起话来就越发显得笨拙和尴尬。随着时间一分一秒地过去，他越发绝望，也越来越不知该说什么才好。他不停地说着对不起，挣扎着还想从笔记中理出一点头绪来，于是他用颤抖的手端起一杯水，凑到干燥的唇边。当时的情景真是惨不忍睹。最后，他只好坐了下来，而留给大家的是一个丢脸的主持人的形象。

可见，如果没有充分的准备，即使地位显赫的人在当众说话时也会紧张。

除了做好准备外，还有一些很实用的小技巧可以有效消除紧张感，大家不妨一试。

（1）回避目光法

如果你是第一次当众讲话，心情难免紧张，特别是听众的某些偶然因素也会人为地造成紧张情绪。比如某个听众发出一些声响，就会引起你的情绪波动。这时，你就应该转移目光，或者采取流动式的虚视方法，有意识地回避目光对视，以保持良好的心境。

（2）呼吸松弛法

在上台前，运用深呼吸松弛紧张情绪的办法简便可行。具体做法是站立，目视远方，全身放松，做深呼吸。这样就可缓解紧张情绪。

（3）自我陶醉法

在当众说话时，面对满场听众，有时会因精神紧张而出现语言表达失误的情况。这时可以假想一下自己是已经获得成功的人物，就会信心倍增。

（4）自我调节法

为了消除紧张情绪，可在上台前通过创设良好的外界环境，使自己的情绪得到放松。如在演讲前，听一首轻松愉快的乐曲，看一些令人捧腹大笑的幽默故事等。

（5）注意力转移法

为了消除大脑的紧张程度，在登台前可以有意识地把注意力转移到某一个具体的物件上。比如，可以欣赏会场的环境布置，也可以与人闲谈，借以冲淡紧张的情绪。

（6）语言暗示法

语言的暗示也是多种多样的，它包括自我暗示和他人暗示。比如登台前可以这样暗示自己："今天听众很熟悉，心情紧张没必要。""我准备得很充分，很有信心。""你能行！我们等着为你的精彩演讲喝彩。"通过语言的暗示，从而消除紧张的情绪。

尽快从"瓦伦达心态"中走出来

生活中我们常常遇到这样的事：在面对一些重要人物或关系重大的事情时，人们常常担心会说不好话、做不好事，因而精神压力很大，结果越是担心失败，往往失败得就越惨。

这使人想到心理学的一个术语："瓦伦达心态"。

瓦伦达家族也许是世界上最伟大的高空杂技演员世家。20世纪70年代早期，70多岁的卡尔·瓦伦达说，在他看来，生活如同走钢丝，一切都是机会和挑战，对此人们赞叹不已。他那种专心致志于目标、任务和决策的能力令人钦佩不已。但几个月以后，在没有安全网的情况下，瓦伦达在波多黎各的圣约安市的两个高层建筑之间进行高空走钢丝表演时，不幸坠落身亡。他在掉下时手中仍紧紧抓着平衡杆。他曾一再叮嘱他的家庭成员不要把杆扔下，以免砸到下面的人，他用自己的生命实践了自己的话。

事后，瓦伦达的妻子痛心地说："我料定他这次一定出事，因为他在上场之前，总是念念不忘地念叨着：这次演出太重要了，我只能成功，不能失败。在这之前的历次演出中，他只关心走钢索本身，其他事情毫不考虑。而这一次，他太重视演出的成败了，所以出了事。"

后来，心理学家把那种过分地担心事态的结局，内心充满了患得患失的心态叫作"瓦伦达心态"。

美国斯坦福大学的权威人士通过一项研究得出科学结论：人大脑中的某一想象图像，会刺激人的神经系统，把假想当作真实情况，并为此做出努力。比如，当一个高尔夫球运动员在击球之前，担心自己把球打进水里，他就一再告诫自己：千万不要把球打进水中。这样，在他的大脑中便自然会出现一幅"球掉进水里"的清晰图像。其结果往往事与愿违，击出的球果然就掉进了水里。这项试验从另一个方面证实了"瓦伦达心态"确有其事。

可见，在事关重大的事情中，放松自己，保持一颗平常心是多么重要！在体育、文艺比赛中，在高考、竞选、竞聘时，因过分看重成功，往往反而“砸锅”的事屡见不鲜。我们平时说话也是这样，如果你过分担心自己说不好，十有八九就真的会说不好。只有防止出现“瓦伦达心态”或从“瓦伦达心态”中走出来，才能精神轻松，情绪稳定，发挥出最佳水平，取得满意的结果。

仔细想来，学会放松，“拿得起，放得下”，是人生的一种智慧，一种涵养，一种境界，也是人生的一大学问，一大艺术。

有些人在说话时之所以出现“瓦伦达心态”，就是因为把成败得失看得过于严重，或者把自己的形象和表达效果看得太重。他们拿得起，放不下；赢得起，输不起，总是精神负担过重，考虑这，顾虑那，精神时时处于紧张、忧虑、恐惧、烦躁的状态中，这怎么可能把话说好呢?

从“瓦伦达心态”中走出来，要求我们对任何事物抱一种平常的心态，并学会用辩证法看问题。无论做什么事情，不管多么重大，无非两种可能：成功和失败。成功固然可喜，失败也算不了什么。“胜败乃兵家常事”。人世间有赢就有输，有成功就有失败。不必把成功看得那么神圣，那么了不起。赢也好，输也罢，成功也好，失败也罢，都是生活给自己的一份馈赠、一份财富。有些话，在关键时刻没有说好，甚至说错了，但只要你吸取了教训，能吃一堑长一智，就应当聊以自慰，何必非要因噎废食?

当然，所谓不把成败得失看得过分严重，并不是说在说话时就不追求效果，更不是说可以不顾别人的感受或事情的后果乱说话，而是要调整情绪、放松神经，做到“战略上藐视敌人，战术上重视敌人”，从而使自己热情而镇静，紧张而有序，保持最佳的精神状态，充分施展自己的口才。

二、话不在多而在精

“兵不在多而在精。”“山不在高，有仙则名；水不在深，有龙则灵。”同样，话不在于多，而在于精。说出一句算一句，句句都能说到点子上，那才叫会说话。满嘴胡言，词不达意，恐怕说得再多，也无济于事，反而让人生厌。

话不在多，全在点子上

无论我们在什么地方，也无论所面对的人是谁，在说话时都应该明白这样一个道理，那就是“话不在多，全在点子上”。一个说话言简意赅的人，不仅能准确地表达出自己的思想，体现出自己的能力，也容易受人欢迎；而一个总是喋喋不休、说半天别人也不知道他要说什么的人，则往往是“说多错多”，招人反感。

古语说：兵不在多而在精。说话也应以“精”为好。现代社交研究人员认为，在不少场合，多数交谈的毛病不是出于那些讲话太少的人，而是那些讲话太多的人。凡是让人厌烦的人几乎都是喋喋不休，从来不肯闭嘴的人。大巧若拙，大辩若讷，那些看起来好像言语迟钝的人，却是真正有智慧、会说话的人。

善于讲话的人是惜语如金的。列宁在马克思、恩格斯纪念碑揭幕典礼上的讲话只有552个字：华盛顿总统就职演说只有135个字；林肯总统在葛提斯堡的著名演说只有10句话，从上台到下台不到3分钟，他的演讲词被当作“典范”铸成金字，珍藏于牛津大学。

讲话简洁向来是我们民族的传统。《墨子闲话》中记下这样一个故事：

子禽有一次问他的老师墨子：“多言有好处吗？”

墨子回答说：“青蛙日夜都在鸣叫，弄得口干舌燥，却不为人们所爱听。而晨鸡黎明按时啼，天下不都被叫醒了！”多言有什么好处？话要说到点子上才好。

事实正是如此。当今社会生活节奏加快，人们更需要简洁、准确、明晰的言谈。那些穿靴戴帽、拖泥带水、庞杂冗长的空话、套话，人们是非常讨厌的。所以，我们在不该开口的时候，要做到少说话并适当地缄默。在该说的时候，就要注意所说的内容、意义、措辞、声音和姿势，要注意到什么场合说什么话。无论是探讨学问、接洽生意，还是交际应酬、娱乐消遣，都要尽量使自己说出的话重点突出、具体而生动。

讲短话也是学问。被誉为“典范”的林肯的那10句演说词，与他一接到邀请就开始认真准备有关。无论是在路上，在办公室的沙发上，还是在夜间发电报时，他都在构思。他的办公室上随时放着一张纸片，想到一点什么就记上去。直到讲演前一天晚上，他还在认真预习。

德国里登乃尔著的《自由演讲的技巧》中指出：“听众在45分

钟的演讲中，在前 15 分钟内获得较多的信息，而之后的 30 分钟则收效甚浅。”因此，演讲人必须努力把讲稿准备得精练些。

有人问美国第 28 任总统伍德罗·威尔逊：“您准备一份十分钟的讲稿，得花多少时间？”威尔逊回答：“两个星期。”

“准备一份一小时的讲稿呢？”

“一个星期。”

“两小时的讲稿呢？”

“不用准备，马上就可以讲。”

这是怎么回事呢？道理很简单，演讲时间越长，演讲人压缩演讲内容的任务越轻，自然所需准备时间就少了。反之，演讲时间越短，演讲人越得努力压缩文字，力求尽快将主要内容无一遗漏而又清晰地传达给听众，这当然是要多花时间、大伤脑筋了。

“惊人一语，胜似千言。”但得到这“惊人一语”所需要的功夫，并不亚于千言。把话讲短，也并非易事，我们需要勤学苦练才行。

如何培养简洁精练的语言风格

西方有一句谚语：“别让丛生的杂草掩盖了你要种的鲜花。”莎士比亚也说过：“简洁的语言是智慧的灵魂，冗长的语言则是肤浅的藻饰。”口头表达与文章写作一样，讲求“意则期多，言唯求少”，真正做到“言约而旨丰”。

简洁精练的语言常常能比繁杂冗长的话更吸引人。它体现出说话人分析问题的快捷和深刻，是其认识能力和思维能力高超的表现；它能使听者在较短的时间内获得较多的有用信息，有助于博得对方的好感；它是说话人果敢、决断的性格表现。相反，那种说话啰唆、找不到重点的人，常常让人反感，给人一种能力低下的感觉。

比如一个领导在检查前几天的工作情况时，有一个下属这样说话，他的上司会是什么感觉？

职员：“前几天我重病在床。”

上司：“什么，你没去那家公司？”

职员：“后来，我托小王去办。”

上司：“他做得如何？”

职员：“他由于有事外出。”

上司：“还是没办……”

职员：“不，我强撑病体，去那家公司，见到经理。”

上司：“快说呀，怎么了？”

职员：“他不愿接受我们的条件。”

上司：“啊！”

职员：“但是……”

上司：“滚出去。”

能把话说到点子上的人，都具有简洁精练的语言风格，他们能以尽可能少的言语表达出尽可能多的内容，没有废话，没有辞藻堆砌，没有不必要的词语重复和拐弯抹角。

这一语言风格也是时代风貌的反映，现代化社会节奏快、人们时间观念强，说话简洁会给人一种生气勃勃的现代人的感觉，尤其为人推崇。所以我们要努力培养自己的简洁精练的言语风格。

说话时要做到简洁精练，必须注意：

第一，要加强思维条理性、精密性的训练。言语絮繁，主要是由于思维缺乏条理性、精密性的缘故。思维模糊不清，没有形成完整的认识，当然也就难以用简明的言辞表达清楚了。

第二，要抓住要点，突出中心。口头表达最忌离题胡扯，不着边际。它也和写文章一样，应该主题明确，紧扣中心，不枝不蔓，不乱不散，主题应像一根红线贯穿于整个讲话的始终。

第三，要抓住最关键的信息焦点，也就是抓住问题的要害，舍弃那些非本质的细枝末节，以短小精悍、要言不烦取胜，真正体现出“简洁”与“精练”。

第四，要言之有序，先说什么，后说什么，何者为主，何者为次，前后内容如何衔接、呼应，在说话前要有通盘的考虑，做到条理分明，次序井然，形成严谨细密、首尾相应的结构。

第五，要反复推敲，删繁就简，精益求精，“言”半而功倍。尽量杜绝使用“说不定”“差不多”“大概”“或者”等模棱两可的词语，也不要在说话时乱加修饰语和说些不合逻辑、令人费解的话。

第六，要长话短说，多用短句，避免唠叨啰唆和不必要的重复，尤其是要下决心克服“嗯”“啊”“这个”“那个”“对不对”“是不是”“你懂吗”“你得了吧”等口头禅，就像冶炼钢铁时清除废渣一样，以保持语言纯洁、健康、规范。

不要让别人误解了自己的本意

在日常生活中，我们常常遇到这样的事情：自己本来要说的是这个意思，对方却理解成另外一种意思。发生这种事的原因，虽然也有对方理解能力有限的可能，但大多数情况下还是因为自己表达得不是很清楚，或者说，没有把话说到点子上。

那么，怎样才能使自己的话不被别人误解呢？

（1）不要随意省略主语

从现代语法来看，在一些特殊的语境中，是可以省略主语的。但这必须是在交谈双方都明白的基础上，否则随意省略主语，容易造成误解。

一个星期天的上午，在一家商店，一个男青年正在急急忙忙挑选帽子，售货员拿了一顶给他。他试了试说：

“大，大。”

售货员一连给他换了四五种型号的帽子，他都嚷着：

“大，大。”

售货员仔细一看，生气了：

“分明是小，你为什么还说大？”

这青年委屈地说：

“头，我说的是头大。”

售货员狠狠地瞪了他一眼，旁边的顾客“扑哧”一声笑了。造成这种狼狈结局的原因就是这位年轻人省略了他陈述的主语：“头”。

（2）要注意同音词的使用

同音词就是语音相同而意义不同的词。在口语表达中脱离了字形，所以同音词用得不当，就很容易产生误解。如“期终考试”就容易误解为“期中考试”，所以在这时不如把“期终”改为“期末”，就不会造成误解。

（3）少用文言词和方言词

在与人交谈中，除非有特殊需要，一般不要用文言词，文言词的过多使用，容易造成对方的误解，不利于感情的交流和思想的表达。有这样一件事：一个小伙子年过三十仍没娶妻，他母亲非常着急。后来别人给他介绍了一位姑娘，几天后，他写信告诉母亲："女方爽约"。母亲非常高兴，认为约会是爽快的，逢人就讲儿子有对象了。一年后母亲要求见见姑娘，儿子才把"爽约"解释清楚。母亲连连责怪儿子话没说清楚，耽误了时间，小伙子也后悔莫及。如果小伙子当初把"爽"字改为"失"字，或许早就有妻室了。

（4）要发音准确，吐字清楚

读错字或发音不准，会让别人听不懂甚至闹出笑话；吐字不清，含含糊糊，使听众感到吃力，也会降低其接收信息的信心。

（5）要注意声调和语调

声调即单个词的调子，语调即贯穿整个句子的调子，两者决定了声音的高低抑扬。语调可分为降调和升调两种基本类型，随着句子的语气和表达者感情的变化，可以变化出其他多种类型。语调有区别句子语气和意义的作用。如"你干得不错"说成降调，是陈述性句式，带有肯定、鼓励的语气；说成升调，是疑问性句式，带有不信任和讽刺的意味。在谈话时应注意把握语调，以避免产生误会。

（6）说话快慢要适中

说话的目的在于使人语义明了，别人听不清，听不懂，就是浪费时间。因此我们讲话的声音要清楚，快慢要合度。说一句，人家就可听懂一句，不必再问。要知道，陌生人或地位比你低的人是不敢一再请你重说的。

说话的快慢可以通过练习来调适，如果你说话的速度太快，下列几点可以使你减慢，反之亦然：

——从 1 数到 10，第一次 5 秒钟说完，第二次 10 秒，第三次 20 秒。

——经常练习高声朗诵报纸上的文章，先用铅笔将你认为要连贯的字词做个记号，朗读时，同时移动铅笔，引导你的声音。要是你觉得自己平常说话的速度太慢，就加快一些；要是太快，就放慢些。

——以录音机录音，然后倒回重放，检查自己的速度是否流畅，是否跳跃停顿。

——录下一些好的新闻报道，试着模仿播音员的播音。

（7）说话时要注意适当的停顿

书面语借助标点把句子断开，以使内容更加具体、准确。在口语中我们常常借助的是停顿，有效地运用停顿可以使你的话明白、动听，减少误解。

有些人说起话来像开机关枪，特别是在激动的时候就不注意停顿了。有一次下班途中，一位青年遇到一群刚看完电视球赛转播的学生，就问：

"这场比赛谁赢了？"

有一个学生兴奋地说：

"中国队打败日本队获得冠军。"

这位青年迷惑了：到底是中国队打败了日本队，还是日本队获得了冠军呢？他又问了另一位学生，才知道是中国队胜了。所以，我们在与人交谈时，一定要注意语句的停顿，使人明白、轻松地听你谈话。

说话时要目的明确、有的放矢

说话是一种有意识的交际活动，无论涉及什么内容，也无论以何种形式进行（采访、汇报、谈判、聊天、祈请、辩论、演讲等），都是为了实现一定的交际目的。据研究，人们说话的目的，不外乎以下几种：

①明了。即让对方了解所传递的信息，或明白他所不知晓的事物、事理。

②接受。即让对方在弄懂主体观点、立场和看法的基础上，真正信服地接受，并付诸相应的行动。

③解惑。即让对方学习并掌握有关的理论、知识、经验和技能，解决生活、工作和社会实践活动中的各种疑难。

④沟通。出于社交的需要，沟通人与人之间的思想感情，达到互相了解，互相支持，协调配合，行动一致。

⑤感动。引发受体心灵上的共鸣，受到感动或激励、鼓舞，与说话者心曲相通，同悲同喜，同忧同乐。

⑥说服。因势利导，说清道理，晓以利害，改变对方的某种观念或要求，阻止对方采取某种行动。

⑦拒绝。即让对方知道他的观点、立场和看法不被接受，这是一种逆向交流，特别需要讲究方式、方法和技巧。

⑧反驳。即指出对方的观点和要求不合理、不合法甚至是错误、荒谬的，进而表明自己的观点和要求。

在一般情况下，说话的目的比较单一，但有时也可能兼有几种目的。不管是单一的还是复合的，说话时离开了说话的特定目的，东拉西扯，无的放矢，这样的说话徒然浪费时间和生命，是没有什么意义的。

话由旨遣，坚持“有意而言，意尽言止”的原则，明确谈话目的，是把话说到点子上的前提条件。只有目的明确了，才知道应该准备什么话题和资料，采取何种谈话风格，运用哪些技巧，从而做到始终瞄准目标，密切注意信息的输出和反馈，控制好自己的话语表达，防止目标中途偏移。如果谈话目的不明确，漫无边际，不仅浪费了时间，而且也是失礼的。所以谈话之前，预先想一想要获得的效果并为之努力，这是必要的，也是必需的。

有这样一个耐人寻味的传说：法国著名作家大仲马一生共创作小说100多部，多以情节离奇、场面惊险取胜，深受读者欢迎。他的小说畅销全世界。一次，意大利的一位书商获悉大仲马即将光临，他为了讨好这位大名鼎鼎的大作家，将所有别的作家的书统统从书架上撤下来，全部换上大仲马的著作。大仲马来到书店，看到这一情景，忙问：“别人的书哪里去了？”书商急不择言，应声答道：“都卖完了。”大仲马非常惊诧，想不到自己竟成了这里的第一号滞销书作家！书商言语失控，弄巧成拙，走向了自己说话目的的反面。书商为什么会失言呢？细加分析，主要是由于他缺乏清醒的目的意识。由此可见，明确目的，始终不偏离说话的预定意图，是何等的重要！

要做到说话时目的明确、有的放矢，在表述时就要有明确的主题，并围绕着主题说下去。对每次交谈的总体目的、议论范围、交谈方式都要有所考虑，经过深思熟虑后，对问题有了较深刻的认识，才提出个人见解。同时，应根据自己所持观点的需要，组织有关事例和材料，这些事例和材料必须和目的保持一致。

由于说话的随意性很大，进行过程中难免会插进一些题外话，甚至会出现某些杂乱和“跑题”现象。说话容易偏离主题的人，不妨在说话之前写出说话提纲，说话时按要点说，这样有利于随时把握中心，纠正偏离中心的现象，使说话按意图进行下去。假以时日，就能逐步做到说话始终围绕目的进行了。

三、不断积累知识才能言之有物

俗话说：巧妇难为无米之炊。一个人没有丰富的知识，说出的话肯定言之无物、苍白无力。人之所以有口齿伶俐与拙嘴笨舌之别，绝不是他们的嘴在生理构造上有什么不同，而完全在于他们积累了多少知识，下了多少功夫。

把话说好需要掌握的基本知识

知识是人们在社会实践中所获得的认识和经验的总和，是说话者能够很好地以言辞实现人际沟通的源泉。知识贫乏是造成语言贫乏，特别是词汇贫乏的一个重要原因。如果《红楼梦》的作者曹雪芹没有相应的词汇来描写贾府上上下下的规矩和内内外外的礼教，王熙凤的泼辣、干练、狠毒性格就肯定难以惟妙惟肖；如果《水浒传》作者不懂得江湖勾当，不懂开茶坊的拉线、收小、说风情，以及趁火打劫的种种口诀，他就不可能把那个成了精的虔婆王婆刻画得绘声绘色。

有的人之所以很有说话水平，究其根本原因，就在于丰厚的知识积累。胸有成竹，欲发则出；积之愈深，言之越佳。

对交谈者来说，知识是多方面的。对不同的人，有不同的知识要求；不同的人，对知识的把握程度也不尽相同。但作为交谈者，应当掌握最基本的人际交往知识。

（1）掌握交际应酬的起码知识

每一个人都是社会生活中的一分子，对社会生活中的各种关系必然有牵连。要想使自己的言语达到彼此沟通的目的，就必须掌握交际应酬的起码知识，这样才能说出与当时的情境适宜的言辞。如果不懂得这些知识，在交际过程中，就会因某一细微疏忽而讲错话，从而造成不良后果，导致交际失败。

在日常生活中，诸如称呼、访友、求职、待客、赴宴、送礼、赠物、寒暄、探病、致歉、打招呼、打电话、问候、介绍别人、自我介绍、拒绝、祝贺、吊丧等，所有这些，都各有自己的一套成文或不成文的规矩。这些规矩。一般都是自然形成或约定俗成，无须去特别地学习、钻研；只要不脱离社会生活，耳濡目染，即可把握。若想提高说话水平，就必须积极投入社会生活，根据不同的需要，选择恰当的适应社会生活需要的处世言辞。只要掌握文明、礼貌、得体、合适的原则即可。

比如，你去别人家里做客、拜访，最好先电话预约。不通电话的，或处于其他原因而径直上门的，若人家有门铃，应按门铃；无门铃，应轻叩其门。按后或叩后要稍待一下，若无动静，再按或再叩第二次。一般说来，按、叩第二次后仍无动静，就不宜再按、叩下去。这种情况说明，一是主人不在家，二是此时主人不愿让人打搅。主人开门后，应先向主人问好。待主人请你入室时，应留心是否要换拖鞋，最好主动提出："我换双拖鞋吧。"如果来开门的是你不认识的人，则应问："请问，这是不是某某先生的家？"得到肯定后，还得问："他在家吗？我是某某人，有点事儿拜访他一下。"如果找错了门，应当向开门者表示歉意。如果需向其打听你所要找的那家之所在，无论其是否知道、指点，都应表示谢意。

（2）掌握世事中的基本常识

世事就是世上的事。世事知识是一种客观存在，一般无须潜心去学，只要不脱离社会生活，在实践中都会逐步体会、感悟得到。

人们要想丰富自己的语言修养，实现与人沟通、交流的目的，必须具备社会生活中方方面面的常识、经验、风土、人情、习俗和掌故等，一个人即使有渊博的专业知识，如果不谙世事，也会被看成"书呆子"，说话、办事的时候容易闹笑话、受挫折，成为被别人轻视和嘲讽的对象。

世事知识是在社会实践中获得的，但有时对某些世事知识，人们却没有实践的机会或可能。比如你从甲地到乙地，你可能具备了甲地的世事知识，而乙地的，你可能就不具备了，但你却不能没有言辞的表达。怎么办呢？这就得学、得问。孔子有言："敏而好学，不耻下问。"我国历来也有"入乡随俗"之说，到哪个地方，就要了解哪个地方的世事，这样才能产生良好的说话效果。照搬甲地的世事或不顾乙地的世事，都会自讨苦吃。

清朝洋务大臣李鸿章一次出访美国，在一家饭店宴请美方人士。开席前，他按中国世事讲了一番客套话："这里条件差，没有什么可口的东西招待各位，粗茶淡饭，谨表寸心。"不想饭店老板却火冒三丈，认为李鸿章诋毁了饭店的声誉，非要其公开赔礼道歉不可。李鸿章的客套话，在国内是很普遍的，但美国却没有这样的习俗，老板冒火也在情理之中。

（3）广博的文化知识和专业知识

天文、地理、历史、文学、艺术、哲学、经济、法律等方面的知识能陶冶情操，提高修养，开阔视野，从而使表达者的言辞更具感染力、说服力和吸引力。这种知识的获得，要靠孜孜不倦的学习。只有不断地学习、吸取，言辞的表达才会有不断的生命力。

社会上有各种各样的行业，每一个行业都有专门的知识。一个人处在某个行业，从事某一工作，就应当具备该行业、该专业的知识。在人际交往中，某行业的知识不足，就不要轻易涉及这方面的话题，倘若擅自发言，就容易闹笑话，影响说话效果。

社会在发展，知识在更新，即使原来知识积累很深厚，在新的形势下，也会产生许多盲点，如果不认真学习，既不利于自己的工作，更不利于本行业言语的交际。所以，我们不能满足于现状，只有不断学习，才能不落伍，才能不断提高自己。

在遣词造句上多下些功夫

对于遣词造句，很多人可能都不屑一顾，认为那是小学生才需要练习的事。事实上，这种认识是非常错误的。别人能够妙语连珠、口若悬河，是因为掌握的词汇量丰富并善于运用，从而使表达更加顺畅和有效。认识到这一点，并在遣词造句上多下些功夫，才能有效提高自己的说话水平。

历史上许多伟大人物就是因为善于在说话时遣词造句，大大地激励了当时的人们，使他们决心跟随着这些伟大的人物。的确，善于遣词造句不仅能打动人心，同时更能带出行动，而行动的结果便展现出另一种人生。相反，如果不善于遣词造句，说话时“没词儿”，颠来倒去就那几个词语，一套“学生腔”，“语言无味”，或者把词语随便拿来用，那就无法准确地表情达意，难以把话说下去，有时甚至还会闹出笑话。

要想把话说好，就必须注重词语的积累和运用。如果在自己的头脑里建立起一座语言的仓库，要说话的时候，这些词语就如凤仙花种子似的，弹跳而出；或者像喷泉似的，喷涌而来。

在有了丰富的词语储备的基础上，还要注意用词的准确性。说话时，要根据表达的需要，精心地选择最确切、最恰当的词语，正确地反映客观事物，恰当地揭示客观事理，贴切地表达你的思想感情，准确地传递各种信息，做到“意能称物”“情通意达”，每个字、词、句都用得妥帖、适当，恰如其分。要做到这一点，必须注意以下几个问题：

①要思路明确。只有思想明确、思路清晰，知道自己在讲什么和怎样讲，才能表达清楚、明白；如果事先没有想好，思想处于混乱模糊状态，那就肯定表达不清楚、不准确。

②要尊重客观事实，实事求是，做老实人，说老实话，办老实

事，不说假话、大话、空话、套话和废话。

③对所反映的事物和所说明的事理有清楚、明晰的认识，对其外貌、性质、特征以及与其他事物、事理的关系了如指掌，这样，选用的词语、所包容的内涵和所作出的判断，才符合所反映对象的实际。

④要真正弄懂每个词语的确切含义和它使用的对象、范围，否则，不是用错词，就是用得不恰当，甚至闹出笑话来。

⑤要认真辨析词义，特别要仔细区分同义词、近义词在使用范围、词义轻重、词的风格特点、搭配功能等方面的细微差别，区分同音词的不同含义和使用的对象、范围。

⑥要把握好词语的分寸，认真区分某些表示分寸的词语在时间、范围、主次、程度、条件、数量等方面的差别，所引用的数字、数据要反复核实。

⑦要注意词语的感情色彩，不仅要体会、揣摩词语的褒贬意味，而且还要琢磨褒贬意味的轻重和情调。

书本是增长知识的重要工具

读书可以加强文学素养，提高语言表达水平。孔子说："不学诗，无以言。"这里的"诗"指的是《诗经》。孔子所处的时代，典籍和著述远没达到像今天这样卷帙浩繁、汗牛充栋的地步，所以他把熟读《诗经》当作他和弟子们的必修课，并上升到了"不学"就"无以言"的高度。

如果说孔子崇尚读"诗"是限于当时典籍太少，难免陷入"熊猫吃竹子"的局面的话，那么"熟读唐诗三百首，不会作诗自会吟”的经验之谈，你就再不能怀疑读书与提高语言表达能力的关系了吧？

书本是增长知识的重要工具，读书能够使人变得博学多识，满腹经纶，谈起话来因胸藏锦绣而口吐珠玑，不至于搜肠刮肚，绞尽脑汁。

所以，要提高说话的技巧，就应多读书。“穷书万卷常暗诵”，吟咏其中，则可心领神会，产生强烈的兴味。摸熟语言的精微之处，则会唤起灵敏的感觉；熟悉名篇佳作的精彩妙笔，则会获得丰富的词汇，自己演说和讲话时，优美的语言也会不召自来。这并非天方夜谭之事。只要我们潜心苦读，勤记善想，揣摩寻味，持之以恒，就能尝到醇香厚味；如果反复地用，不断地学，久而久之就可以像郭沫若所说的那样，“于无法之中求得法，有法之后求其他”了。

即使是最伟大的演说家，也要借助书本的资料。

英国著名演说家福克斯每天都高声朗诵莎士比亚的著作，以使他的风格更趋完善。古希腊著名演说家及政治家狄摩西尼斯亲笔抄写历史学家修西底斯的历史著作达八遍之多。林肯也使用这个方法，获得了惊人的成就。他能把布朗特、拜伦的诗集整本背诵出来。后来他进入白宫，内战的沉重负担耗费了他的精力，磨难在他的脸上刻下深深的皱纹，但他仍然忙里偷闲地拿本英国诗人胡德的诗集躺在床上翻阅。有时候他在深夜醒来，不经意地翻开这本诗集时，会意外地发现特别启迪他或令他感到高兴的一些诗句。他也经常抽空反复看他早已背熟的莎士比亚名著。罗宾森在《林肯的文学修养》中说：“这位自修成功的人物，用真正的文化素材把他的思想包扎起来，可以称之为天才或天子。”这位“自修成功的人物”所依赖的方法就是永不停止地读书，因为读书的确能增长知识，丰富雄辩的口才。

读书既然有这么多的益处，那么应该怎样去读书呢？

现代人的生活节奏加快了，竞争激烈了，心也浮焉，气也躁矣。真正要静下心来找上大段的空余时间来读书，几乎是不太可能，这就需要我们忙里偷闲，见缝插针。古人读书有“三上”：枕上、厕上和马上，这一点还是很值得我们借鉴的。“时间就像海绵里的水，只要去挤，总还是有的。”

读书要注意多动脑，勤思考。“读书而不加思考，决不会有心得。即使稍有印象，也浅薄而不生根，大抵不久后又会淡忘丧失。”这是德意志人叔本华告诉我们的读书经。英国人洛克认为，“读书仅向大脑提供知识原料，只有思考才能把所学的书本知识变成我们自己的东西”。而与洛克同为大不列颠老乡的麦考莱说得就更言简意赅了，他认为，“把一页内容好好地消化，胜过匆忙地阅读一本书”。

不过，还得补充一句：“好记性不如烂笔头。”读书的同时动动笔，记下一些自己认为有用的东西，也是一种很好的方法。

读书还要学以致用。理论来源于实践而又对实践起指导作用。只知埋头读书而脱离实践，那只是个书呆子。因此，如果你是为了提高自己的说话能力而读书，就应当把书本里学到的知识应用到实践当中去。在具体运用时，要注意书面语言与口头语言的区别，进行适当的转换。如果和人聊天时还满口之乎者也，那就达不到目的了。

深入生活，语言就有了根

生活是语言最丰富的源泉。一个闭门造车、与外面世界无接触的人，是很难使自己的语言丰富起来的。老舍曾说：“从生活中找语言，语言就有了根。”老舍先生在阐释生活是语言的“根”的理由时，反复强调两点：

第一，“语言是生命和生活的声音”，“生活是最伟大的一部活语汇”。有人曾问老舍先生能巧妙地运用北京话描写“洋车夫”的秘诀是什么，他回答说：“我能描写大杂院，因为我住过大杂院。我能描写‘洋车夫’，因为我有许多朋友是以拉车为生的。我知道他们怎么活着，所以我会说他们的语言。……明白了车夫的生活，才能发现车夫的品质、思想与感情。这可就找到了语言的源泉。”

老舍先生的经验之谈是令人信服的。他一生在语言艺术方面的精湛造诣，从根本上说，是得益于他对北京人生活的熟悉，北京的社会生活的这部无字大书，北京人的各种人生的密码，都被老舍先生读熟了，读透了，破解了，直至老舍先生感到“那里的人、事、风景、味道，和卖酸梅汤、杏儿茶的吆喝的声音，我全熟悉。一闭眼我的北平就完整的，像一张彩色鲜明的图画浮立在我心中”。可见，老舍先生的语言的“根”扎得很深，深入社会生活的底层，源源不断地从生活中汲取“活语汇”，这正是老舍先生语言艺术成就卓绝的一个根本原因。

第二，要“寻根”，要深入生活。正因为说话跟生活是分不开的，因此，学习语言也和体验生活是分不开的。他指出，“到生活里去，那里有语言的宝库”。

语言的丰富源于生活的丰富。能否深入生活，是决定语言好坏的决定性因素。若语言脱离了生活，就变成了无本之木，无源之水，必定要枯死。唯有深入生活，才能根深叶茂，源远流长。

不要以为拥有一部现成的、可供自己随时翻阅的语言大词典，就能立刻词汇如海，妙语如花，就能成为了不起的语言艺术大师。这只能是不切实际的幻想。真正的取之不尽、用之不竭的“伟大的活语汇”，只能是大千世界的丰富多彩的现实生活。我们应牢记老舍先生的忠告：“不要只在语言上打圈子，而忘了与语言血肉相关的东西——生活。”这话含有很深刻的道理。改革开放以来，特别是电脑和网络的普及，神州巨变，即使是村姑野叟、市井平民，也能滔滔不绝地讲述一些自己耳闻目睹的新鲜事。对此，我们就应该及时学习、了解这些方面的语言，深入生活、了解生活，与时代同步，紧跟世界潮流，这样就会产生新的知识和语言。

四、让语言动听的硬核技巧

说话效果的好坏，不全是由言辞和知识是否丰富决定的，往往还和说话者的感情、表情、声音等其他因素密切相关。所谓“红花还需绿叶配”，如果能在妙语连珠的基础上加上合适的烘托，表达效果自然与“背台词”有天壤之别。

感情饱满的语言更能打动人

日常生活中，每个人说话时都会依自己倾注谈话的热心程度而表现出热情与兴趣。这时，我们的真情实感常会从内心里流露出来。这是一种自然流露，也是一种易感染他人的流露。

说话贵在有情。在说话时，如果我们能调动自身的激情，以情感人，那么，我们就掌握了开启听众心灵之门的钥匙。缺乏激情，你所说的话就会苍白无力、枯燥乏味。要想打动人心、感染他人，你就需要让你的语言感情饱满。

第一位获得诺贝尔文学奖的国家元首是英国首相温斯顿·丘吉尔。他获得1953年诺贝尔文学奖，是“由于他精通历史和传统的叙述，同时也由于他那捍卫崇高的人的价值的光辉演说”。丘吉尔的演说在第二次世界大战期间对于反法西斯军民曾起过巨大的鼓舞作用。

澳大利亚前总理孟席斯评论丘吉尔的演说时说：“他深知作为演说家，要想感动别人，首先要感动自己，并对一切了如指掌。”

据丘吉尔的秘书讲，演讲时，这位年近七旬的首相竟“像小孩一样，哭得涕泪横流”，这是何等激动的感情啊！这激情来自对祖国的爱，对敌人的憎，来自珍视自由、热爱和平的崇高信念，大大增强了言辞的感染力。

很多人都爱听刘兰芳说《岳飞传》。她为什么说得那么好呢？这与她在讲述时贯注满腔激情分不开。

许多老演员曾经告诫她，岳飞风波亭受刑一段是说书人“败笔”之处，很难收到艺术效果，一些老演员往往是避而不讲。但是，刘兰芳却认为这一段只要演员深深地“进入角色”，反而更为感人。于是，她大胆突破陈规，对岳飞受刑进行了满含深情的渲染，充分展示了人物的高风亮节。当她说到岳飞不顾皮肉剧痛，在生命垂危之时，依然忧国忧民，仰天吟诵气吞山河的《满江红》时，她深为岳飞的英雄气概所感动，止不住热泪滚滚夺眶而出。

正是因为刘兰芳这样声情并茂地表演，所以，每次播讲时，都牵动了千千万万听众的心。一位女教师找到刘兰芳，紧紧握住她的手说：“你讲的奸臣得势，忠良受害，真是太感人了。我想听又不敢听，最后还是下决心流着泪听完了……”

可见，充满感情、融入真情的语言最能打动人心。巧妙地运用充满真情的话语，可以使说者与听者产生情感上的共鸣，促进交流双方建立更加融洽的关系，形成良好的沟通氛围。所以，我们说话时一定要注入情感的因素，用感情饱满的语言打动人心、感染他人。

使语言形象生动的 6 种技巧

形象生动的语言把无形变成有形，把抽象变成具体，把枯燥变成生动，大大吸引了听众的注意力。形象化的语言让听众的视觉、听觉、嗅觉、味觉都一起参加接收活动，大大增强了语言的感染力。此外，它也是构成其他语言风格的基本手段。

要想使自己的语言形象生动，不妨试试下面 6 种技巧：

①口语化。说话不同于写文章，特别是日常交际时，如果与人闲聊使用书面化的语言，势必会弄巧成拙。当然，口语化不等于不

加选择地使用日常用语，口语化仍然要讲求语言艺术和技巧，要朗朗上口。

②通俗易懂。说话应该通俗易懂，避免使用深奥难懂的词汇和字眼。通俗易懂并不十分容易做到，用大众易于理解的语言表达深刻的思想、观点、复杂的事件、重要的问题、层出不穷的事物，没有一定的语言功底是达不到高水准的。

③朴实自然。听众用耳朵接收信息，往往不那么全神贯注。如果拐弯抹角，卖弄文字游戏，观众就会感到费解。朴实无华、自然顺畅才能使观众易于理解。

④注意字词和句式的选择。

a. 选用有色彩、有形象的词语。色彩词和形象词可将听觉形象转化为视觉形象，而视觉形象留给人的印象往往比听觉形象留下的印象更深刻。

b. 选择响亮上口的词语。比如，将“立即”改成“马上”，“气候”改成“天气”等。

c. 多用双音词。单音词只有一个音节，一闪而过。双音词两个音节，音波存在时间长，给人印象深一些。例如:“曾”换成“曾经”，“虽”换成“虽然”，“乃”换成“就是”等。

d. 将抽象的内容具体化，变成形象说法。比如，将难以记忆的数字转换成容易记忆的说法。例如，“2000 年，每三个中国人中就有一个超过 50 岁”。这样说比用多少多少万个容易记忆。

e. 不用倒装句、祈使句。这种在文学写作中常用的生动的句法并不适合于口头语言。

⑤运用各种修辞手法，如比喻、拟人、夸张等。这些修辞手法

可以借助浅显通俗的事物或道理来说明比较复杂、抽象的事物或深奥难懂的道理。

⑥节奏感强。应该尽量使语言富有节奏感。节奏感强的语句给人一种和谐的听觉感受，容易记忆，也容易接受，听众听起来往往能够有精神、来情绪。如果慢条斯理、拖泥带水，听众往往会产生疲倦感觉，提不起精神，失去倾听的耐心。

让自己的声音更有吸引力的方法

声音是口头语言的唯一传播媒体，对说话的效果和客体的感受都有着巨大的影响。想必你有这样的经验：打电话到某公司，接听小姐的嗓音如果是轻柔圆润的，你就会一下子轻松愉快起来，自己也不知不觉地尽量使声音好听一点。而如果接听小姐的嗓音是干枯平淡的，你的心里会不自觉地一沉，情绪受到影响不说，可能对这个公司的感觉和信任度都会受到影响。

有这么一个故事。

苏珊是一家广告公司的资深业务员，她很关心和留意客户的销售问题，并总是乐于帮助他人解决难题，但她的声音却让人听来讨厌，那尖叫的声音就像一个小女孩发出的叫声。她的老板私下说：我很想提升她为业务部经理，但她的声音又尖又孩子气，让人感到她说的话缺乏权威。我不得不找一个声音听起来成熟果断的人来担任此职。

显然，苏珊就是因为自己说话的声音而失去了提升的机会，可见听觉在对人的印象中的重要性。这还是在面对面的情况下；如果接听电话，由于双方不在现场，说话的效果完全靠声音来完成，那么声音的重要性更不用说了。

一个人的声音不是一成不变的，通过一些技巧训练，可以克服你平时的一些怪癖和不良习惯，从而改善你说话时的语调、发音、音量、节奏、速度等：

①为了更加准确地知道自己的声音，你可以将录音机放在电话旁边，听听你每天打电话时的声音。

②请家人或朋友对你的声音做出一个真实的评述。

③将你在停顿或静默时反复使用的语气词记下来，在今后的谈话中尽量避免使用。

④进行发音训练。你可以在图书馆找到一些有关的书籍，针对自己的特点进行训练。或者找一些语言磁带和录像带进行训练。

⑤进修一门公共言谈或演讲的课程。

让我们变得更加成功的许多优异的东西不是与生俱来的，而是需要通过后天自身的改变。声音就是这样，你试着改变一下，也许你会得到一个意想不到的结果。

如何纠正鼻音、尖嗓子与沙哑

既然声音对语言表达甚至事业都有很大的影响，我们就应该让自己的声音更完美一些。但有些人的声音之所以不太好听，既有习惯的原因，也有生理的因素，比如鼻音、尖嗓子与沙哑，如何有效纠正它们呢？

（1）鼻音

要想清除鼻音，使自己具备像天鹅绒一样光滑润泽的胸腔共鸣，必须先努力克服生理上的肌肉紧张。而其中最为主要的是：要学习松弛你的下颚、舌头，解放喉咙和口腔，使声音能由此传出，而无须被迫从鼻腔逃出来。

首先要放松头颈。让头部向前垂下，闭上双眼，缓缓地默默数数。还要放松下颚，让下颚松弛，舌头无力地搭在下齿与下唇之上，懒洋洋地呼吸，感觉好像是麻醉药已经开始对你产生效力了，并且要放松舌头。面对镜子观察自己，尽管你的舌头也许能做出拱起、卷曲、后退、旁伸等种种动作，但你不一定能做到让它彻底放松地卧在口腔底部。这一点很多人都做不到。你对待舌头，要像对待一只未曾受过训练的小犬一样，要耐心引导；你要默默地对它说："舌头，趴低一些！放松一点！"

当下颚和舌头都得到放松了，再说："啦、啦、啦、啦、啦。"就像你是在牙牙学语，这时，你紧张的感觉会烟消云散。

（2）尖嗓音

对办公室人士来说，说话时声音过尖是一种危害性很大的障碍，不仅会因此令人烦躁，也使你缺乏权威。而女性的高音更糟，听上去就像是粉笔划过黑板时的刺耳声音。

纠正尖嗓音也可以采用上面（清除鼻音）的肌肉放松法，同时配合下面的行动：

浑厚的声音通常要与低沉的共鸣相伴而来。要想知道自己的音调究竟能降低到什么程度，可以把手掌平压在锁骨下的胸膛上，然后发"啊"的音，同时就像下地窖一样，逐级把声音降低到最低点，体会声音降低时胸腔震动的不同感觉。

剪几张纸，写上醒目的大字，最好是用鲜艳的红墨水，纸上写着"低"这个字。然后把它们分别贴在办公室内、电话机上、梳头刮脸时用的镜子上、书桌面上、日记本里，提醒自己时刻想到降低声调。

（3）沙哑嗓音

很少有人的嗓音生来就是沙哑的，多数因为没有注意保护嗓子而导致。

各种各样对嗓子的刺激都可能导致沙哑。比如，说话用力过度、吸烟——无论是自己吸还是周围的人吸，都会刺激声带。此外，神经上的紧张、用力咳嗽、大笑和不停地清嗓子都可能使嗓子受伤。

要尽量避免用清嗓子来减轻嗓子的干燥或清除嗓子里的黏液。许多职业演唱家都忌讳喝啤酒和牛奶，因为这两种东西很容易使嗓子分泌过多的黏液。如果你发现自己的嗓子也有痰液的感觉，你就应该在谈话前的几个小时内避免饮用牛奶。你可以试着轻轻咬住舌尖（这样会促使分泌唾液），然后用吞咽唾液来代替清嗓子。

更好一些的办法是喘气，然后轻咽唾液。这里有一个练习：我们经常能看到狗趴在地毯上，下巴松弛，吐出舌头不停地喘气。学着这样做，先打呵欠，直至使自己感到咽喉畅通，口腔、舌头都松弛下来，然后用喉咙和口腔轻缓流畅地呼气吸气。吸进呼出，吸进呼出，你能感觉到清凉的空气流过舌头，进入气管，再循环而回，这时，气流就把声带上的黏液拂去了。这个练习会使喉咙干燥，因而做完之后必须吞咽口水。

此外，还要注意：不要向某些社交场合、舞厅、运动场上那种具有传染性的高喊妥协，而应该运用加倍的呼吸辅助；不要用尖叫高喊来发泄受挫与愤怒的情绪，那只会使声带撕裂，应该镇定地加强语气，适当地表达情感，以此来维持吸引他人的力量。

总之，平时一定要学会如何保护自己的嗓子，出现沙哑后应及时治疗，注意休息，以使嗓音尽快恢复。否则，转成慢性炎症后就难以治愈了。这也是很多人长期沙哑的重要原因。

第三章

一句话打开陌生的闸门

一、谦和有礼者受人待见

人可以有傲骨，但不可以有傲气。与别人第一次见面，倘若自傲失礼，不仅会使对方反感，有时甚至还会惹火烧身。真正聪明的人，就算心再高也能够做到谦和有礼、敬人如师。只有这样，说话办事才能少一些羁绊，多一些顺畅。

送好“称呼”这个见面礼

和别人打交道，总是以称呼开头，它好像是一个见面礼，又好像是进入社交大门的通行证。称呼得体，可使对方感到亲切，交往便有了基础。称呼不得体，往往会引起对方的不快甚至愠怒，双方陷入尴尬境地，致使交往梗阻甚至中断。

有这样一个流传很广的故事：

有个年轻人骑马赶路，眼看已近黄昏，可是前不着村，后不着店。正在着急，忽见一位老汉从这儿路过，他便在马背上高声喊道：“喂！老头儿，离客店还有多远？”老人回答：“五里！”年轻人策马飞奔，急忙赶路去了，结果一口气跑了十多里，仍不见人烟。他暗想，这老头儿真可恶，说谎骗人，非得回去教训他一下不可。他一边想着，一边自言自语道："五里、五里，什么五里！"猛然，他醒悟过来了，这个"五里"，不是"无礼"的谐音吗？于是他拨转马头往回赶，追上了那位老人，急忙翻身下马，亲热地叫声："老大爷！"话没说完，老人便说："客店已走过头了，如不嫌弃，可到我家一住。"

这个故事说明了一个朴素的道理：在说话时，称呼是个大问题，称呼好了，对方自然会高兴，但如果称呼不当，那就麻烦了。例如故事中的年轻人，他就因为对老人的称呼太无礼，结果被老人教训了一顿，但当他礼貌地称呼老人时，老人也改变了态度，亲切地邀请他做客。

那么，我们平时应该怎么称呼别人呢？

（1）考虑对方的年龄

见到长者，一定要呼尊称，特别是当你有求于人的时候，比如："老爷爷""老奶奶""大叔""大娘""老先生""老师傅""您老"等，不能随便喊"喂""嗨""老头儿""放牛的""干活的"等，否则，会使人讨厌，甚至发生不愉快的口角。另外，还需注意，看年龄称呼人，要力求准确，否则也会使人不快。比如，看到一位二十多岁的妇女就称"大嫂"，可实际上人家还没结婚，这就会使对方不高兴，不如称她"大姐"合适。对于年龄再年轻一点的女孩，与其称其为"小姐"，不如称为"小妹"或"大妹子"，因为在有些地方，"小姐"一词是有歧义的。对年轻的男性可以统一称"先生"，或者要么称"大哥"，要么称"兄弟"或"小兄弟"，而不要随便叫人家"小弟弟"。

（2）考虑对方的职业

我们在社会上看到一些青年人，不管遇到什么人都口称“师傅”，难免使人反感。可见在称呼上还必须区分不同的职业。对工人、司机、理发师、厨师等称“师傅”，当然是合情合理的，而对农民、军人、医生、售货员、教师统统称“师傅”，就有些不伦不类，让人听着不舒服。对不同职业的人，应该有不同的称呼。比如，对农民，应称“大爷”“大娘”“老乡”；对医生应称“大夫”；对教师应称“老师”；对国家干部和公职人员，对解放军和民警，最好称“同志”。

（3）考虑对方的身份

有位大学生到老师家里请教问题，不巧老师不在家，他的爱人开门迎接，当时这位学生不知称呼什么为好，脱口说了声“师母”。老师的爱人感到很难为情，这位学生也意识到似乎有些不妥，因为她也就比自己大七八岁。遇到这种情况该怎么称呼呢？按身份，老师的爱人，当然应称呼“师母”，但这是旧称，再说也可能因年龄关系对方不愿接受。最好的办法就是称呼“老师”，不管她是什么职业（或者不知道她从事什么职业）。称呼别人老师含有尊敬对方和谦逊的意思。

（4）考虑自己与对方之间的亲疏关系

在称呼别人的时候，还要考虑自己与对方之间关系的亲疏远近。比如，和你的兄弟姐妹、同窗好友、同一车间班组的伙伴见面时，还是直呼其名更显得亲密无间，欢快自然，无拘无束，否则，见面后一本正经地冠以“同志”“先生”“太太”之类的称呼，反倒显得见外、疏远了。当然，为了打趣故作“正经”，开个玩笑，也是可以的。

在与多人同时打招呼时，更要注意亲疏远近和主次关系。一般来说，以先长后幼、先上后下、先女后男、先疏后亲为宜；在外交场合，宴请外宾时，这种称呼先后有序更为重要。

（5）考虑说话的场合

称呼上级和领导要区别不同的场合。在工作之外的交往中，对领导、对上级可以不称官衔，以“老张”“老李”相称，使人感到平等、亲切，明智的领导会欢迎这样的称呼的。但是，如果在正式场合，如开会、与外单位接洽、谈工作时，称领导为“王经理”“张厂长”“赵校长”“孙局长”等，常常是必要的，因为这能体现工作的严肃性、领导的权威性和法人资格，是顺利开展工作所必需的。

（6）考虑对方的语言习惯

我国幅员辽阔，人口众多，方言、习俗各异。在重视推广普通话的前提下，还要注意各地的语言习惯。违背了当地的语言习惯，就可能碰钉子。

有这样一件事：几个年轻人结伴到承德避暑山庄去旅游。这天他们从避暑山庄出来，想去八王庙，为抄近路，两个小伙子上前去问路，正遇上一个卖雪糕的姑娘。一个小伙子上前有礼貌地叫了声：“小师傅！”开始这姑娘没有答应，小伙子以为她没听见，又高叫了一声。这立刻激怒了姑娘，她嘴上也不饶人，气呼呼地说：“回家叫你娘小师傅去！”两个小伙子还算有涵养，压了压火气，没有发作。本来是有礼貌地问路，反倒挨了一顿骂，这是为什么？后来他们才知道，当地农民把和尚、尼姑称为“师傅”，难怪那位姑娘发脾气。

像这种用错称呼的情况并不罕见，所以到外地时，应对当地的民俗情况略做了解，最好是根据不同的职业称呼对方，不管遇到什么人都口称“师傅”，就很容易闹出笑话。

称呼人要因人而异、因地而异，说话做事都是从称呼开始的，得体、有礼的称呼会让你在与他人的交往中更受欢迎。

说话时多用些礼貌用语

中国是礼仪之邦，能否给别人一个好印象在很大程度上是以是否有礼貌来衡量的。在工作和生活的时候，只有注意自己的礼貌举止，才能避免与人产生摩擦，让自己更受欢迎。

每一个人都十分在意别人对自己的态度，即使是个无礼的人，他也不喜欢别人对他没有礼貌，因为礼貌本身就体现出他的谦虚和对别人的尊重。

所以，不管是在什么场合，不管所面对的是什么人，都应该做到说话做事时文明礼貌。做到这一点很简单，生活中的礼貌用语比比皆是，我们随手就可拾来。例如：

“请问”就有如下的说法：请问、敢问、借问、动问、借光、请教、指教、见教、求教、讨教、就教、赐教等；打扰人家可以用以下词语：打扰、劳驾、相扰、劳神、费心、烦劳、麻烦、辛苦、费神、难为、偏劳等。

如果我们在平时不忘使用这类词汇，同事之间定可形成亲切友好的气氛，减少许多可以避免的摩擦和口角。

美国人说话少不了“请”字。说话、写信、打电报都爱用

“请”字，如“请坐”“请转告”“请及早函复”等等。打电报时，宁可多付电报费，也绝不省掉“请”。因此，美国电话总局每年从这个“请”字上就可多收入一千万美元。美国人情愿花钱“买”个“请”字。

与美国人爱说“请”字一样，日本人爱说“谢谢”。据统计，一个在百货公司工作的日本职员，一天平均要说571次“谢谢”，否则他就不是一个好职员，有被解雇的可能。不管571次这个数字是否准确，你都可能认为这太过分，似乎有点“虚伪”。然而，如果有一家这样的公司：顾客买了东西，营业员对他说：“谢谢，欢迎再来！”不买东西，营业员对他说：“谢谢！欢迎下次光临。”相信你我他都愿意光顾这样的洋溢着亲切和尊重、视顾客为上帝的公司。

“对不起”是英国人最常说的一句话，凡是稍有打扰他人之事，他们总是先说一声“对不起”：“对不起，我要下车了”；“对不起，请给我一杯水”。即使没有打扰人，他们也习惯先说“对不起”。而在美国，警察对违章司机就地处理时，先要说一声“对不起，先生，你的车速超过规定……”

在与别人相见时，有劳别人时，发生碰撞时，犯了错误时……说一句礼貌用语，是再容易不过的事情，但不要小瞧它，它传达的信息却很丰富：既表示尊重，又能显出你懂得礼貌，有风度，有教养。多注意点礼貌对谁都是重要的，因为它能反映出一个人的修养程度，更是一把打开心扉的钥匙。

关系亲密也需要“客气”

日常生活中我们常常听到这样的话:“我们都什么关系了，还跟我这么客气！”“你这么说就见外了！”“你再这么客气我就生气了！”等等。

事实上，我们不能相信这样的话。因为现实中由于不客气使朋友反目、夫妻分手的事比比皆是，却很少有因为客气使本来关系亲密的人发生矛盾的。俗话说，礼多人不怪。客气是礼貌，是谦和，更是对别人的尊重。不管是初次见面还是亲密无间，适当的“客气”都必不可少。

亲密的关系，不应该是粗鲁的、无礼的。在理解和赞扬声中，感情才会稳定长久。

有这样一个故事：两个美国人为了做好一笔生意，事先订下了一个自认为绝妙的计策，那就是一个人先出面谈价钱，定的价格要高出几倍，谈判进入僵局以后，另一人再出面调停，并指责第一个人的贪婪和无知，借机获取良好的顾客印象，然后做成买卖。事情正像他们估计的一样发展，谈判很快进入了僵局，谈判人无可奈何地摇摇头，向第一个人说:“不，先生，您的开价让我难以置信，如果您不是开玩笑的话。”第二个美国人马上出场了，他大声指责他的同伴蠢笨无知，还不如乡下的一头驴子，只知道贪婪地张着没有牙齿的嘴。他的大声喊叫引来了周围许多人的注意，这时他的同伴忘记了在演戏，愤怒地站起来给了他一拳，并说:“你难道不知道我以后还要在这里陪着小姐喝酒吗？”聪明的谈判人看出了端倪。计策宣告失败。

你觉得这两个美国人愚蠢吗？其实生活中很多人也都犯过这类错误，以为关系亲密便完全忘记了应当恪守的礼仪，随便在人前指责对方，无礼地指挥对方……

亲密关系的存续是以相互尊重为前提的，容不得半点强求、干涉和控制。彼此之间，情趣相投、脾气对味则合、则交，反之，则离、则绝。人与人之间再熟悉、再亲密，也不能随便过头，不讲礼仪，这样，默契和平衡将被打破，亲密关系将不复存在。

每个人都希望拥有自己的一片小天地，过于随便，就容易侵入对方的禁区，从而引起隔阂、冲突。譬如，不问对方是否空闲、愿意与否，任意支配或占用对方已有安排的宝贵时间，一坐下来就“屁股沉”，全然没有意识到对方的难处与不便；一意追问对方深藏心底的不愿启齿的秘密，一味探听对方秘而不宣的私事；忘记了“人亲财不亲”的古训，把感情一体等同于经济一体，花钱不计你我，用物不分彼此。凡此种种，都是不尊重他人，侵犯、干涉他人的表现。偶然疏忽，可以理解，可以宽容，可以忍受。长此以往，必生间隙，导致对方的疏远或厌恶，感情的淡化和恶化。因此，即使是亲朋好友甚至老夫老妻之间，也应该讲究礼仪，适当“客气”。

如何把谦虚的话说得恰到好处

谦虚是一种美德。在人际交往中，谦让而豁达的人总能赢得更多的支持和帮助。相反，那些妄自尊大，高看自己小看别人的人总会引起别人的反感，最终使自己走向孤立无援的地步。

懂得谦虚就是懂得人生无止境，事业无止境，知识无止境。千万不能为了突出自己而在说话时带有炫耀的成分，更不能为了表现自己而把自己的长处挂在嘴边，在无形之中贬低别人抬高自己。这样，不仅会让人生厌，还会被人看不起，更严重的是你可能会伤害到某一个人，而周围的人也会逐渐地离开你。这样，在无形之中，你就为自己设置了许多障碍。

一个人即使本事通天，也不可能把所有的事业和技能都研究得十分透彻，达到精通一切的程度。况且在我们的工作当中，有很多人甚至连一方面的“精”都达不到，就自以为很“精”了。因此，凡事应该谦虚一点，先听听别人的想法和看法。

有的人在得到领导的表扬、同事的夸奖时，也想表现出自己的谦虚，但却说不到点子上。要么手足无措，面红耳赤，支支吾吾，要么说一些“归功于集体，归功于人民”的套话。其方式陈旧，语言贫乏，千篇一律，给人一种矫揉造作之感。不能恰当地用言语表达，会给人留下一个虚伪的印象，结果适得其反。在社交场合，不同的时间，不同的氛围，如何用不同的方式表达自己的谦虚，说得恰到好处，给人留下一个良好的印象？

一是转移对象法。当受到表扬或夸奖的时候，如果你感到在众人面前窘迫的话，不妨想办法转移人们的注意力，使自己巧妙地“脱身”，把表扬或夸奖的对象“嫁接”到别人的身上。

二是自轻成绩法。任何称赞和夸奖，都不可能毫无缘由。或是因为某件事，或是因为某方面的成绩。这时你不妨像绘画一样，轻描淡写地勾勒一笔，却在淡泊之中见神奇。牛顿创立的“牛顿力学”闻名世界，当朋友称他为伟人时，他谦虚而真诚地说：“不要那么说，我不知道世人怎么看我。不过，我自己只觉得好像一个孩子在海滨玩耍的时候，偶尔拾了几只光亮的贝壳。但是，对真正的知识大海，我还没有发现呢。”牛顿把知识看成大海，把自己的巨大成就只看作是几只“贝壳”，而且说得十分轻松，似乎他的成就连一个孩子都能取得。这就形象地表现了自己谦虚的精神，而且富有情趣。

三是相对肯定法。面对别人的称赞，如果把自己说得一无是处，不但起不到谦虚的自贬，反倒给人一种傲慢的感觉。正如俗话所说，“过度的谦虚就是骄傲”。现实生活中，类似这样的人屡见不鲜。比如有人称赞某影星演技高超时，她竟不屑一顾地说：“这算啥？”言外之意，她的真本领还没有拿出来。由此看出，谦虚要掌握好一定的分寸。鲁迅先生说：“哪有什么天才，我不过是把别人喝咖啡说闲话的时间都用在工作上罢了。”鲁迅先生否认自己是天才，却肯定自己珍惜时间这一优点，给人一种实实在在的感觉。

四是妙设喻体法。直言谦虚，固然可贵，但弄不好会给人一种虚假的感觉。特别是两个人之间，如果仅仅说“你比我强多了”这类话，容易产生嘲讽揶揄之嫌。遇到这种情形，你不妨用一个比喻方式，巧妙地表达谦虚。比如，有一次郭沫若和茅盾这两位文学大师相聚了。他俩谈得非常愉快，话题很快转到鲁迅先生身上，郭沫若诙谐地说：“鲁迅先生愿做一头为人民服务的‘牛’，我呢？愿做这头‘牛’的尾巴，为人民服务的‘尾巴’。”听说郭老愿做“牛尾巴”，茅盾笑道：“那我就做‘牛尾巴’的‘毛’吧！它可以帮助‘牛’把吸血的‘大头苍蝇’和‘蚊子’扫掉。”郭老看看茅盾，说：“你也太谦虚了。”这两位文学巨匠围绕着鲁迅先生“牛”的比喻，充分展开联想。一个自喻为“牛尾巴”，一个自喻为“牛尾巴”的“毛”，谦虚地说明了自己只是别人的一部分。这种方式既生动形象，又把两位大师博大的胸怀表现得淋漓尽致。

五是巧改词语法。在称赞和夸奖你的语言上做文章，也是表现谦虚的一种好方法。如某大学中文系搞一次讲座，请一位著名老教授谈治学的方法。在讲座之前，主持人用赞誉之词把教授介绍了一番后，说："下面我们以热烈的掌声欢迎王教授谈治学经验。"老教授走上讲台后，马上更正说："我不是谈治学，而是谈'自学'。"老教授说完，台下一片掌声。"治学"本就是对教授的褒奖，因为没有成就的人是没有资格对大学生们"谈治学经验"的。而老教授只改一字，却尽得风流。人们更见其治学严谨，为人谦虚的风格，真可谓妙不可言。

六是征求批评法。批评与赞美是一对反义词，但它们并不是"冤家对头"，在表现自己的谦虚时，让它俩"联姻"会取得更好的效果。面对人们的赞美，你却诚恳地征求他们的批评，这就更能表现你谦虚的精神。

以上关于表现谦虚的言语方式，各有特色。但这尚未概括所有谦虚的方法。我们在社交生活中，可以根据不同的场合、不同的环境、不同的交际对象，不断创新。只要虚心而诚恳，努力追求谦虚的品格，就一定会成为一个受人敬重、品德高尚的人。

二、言谈话语间必须真诚

很多时候，你留给别人的印象如何，并不在于你说得多么流利，多么滔滔不绝，而在于你是否善于在言谈话语间表达出自己的真诚。流畅但缺乏诚意的话语，不仅像没有生命力的绢花一样，美丽但不鲜活，还会使说话者不受欢迎。

敢于说真话才能赢得人心

真诚最起码的要求是不说谎、不欺骗对方。人本能上喜欢说真话、听真话，说真话才能赢得人心。

说真话就是说话符合客观实际，言之有物，不隐瞒、不臆造，不说空话、大话，同时说话要符合真情实感，怎么想就怎么说，说话人所表达的，是他内心所想的，即“言为心声”，而不是心口不一或口是心非。说大话、说假话最终受害的只能是自己。

山东一家大理石厂从国外投资引进了一批比较先进的设备。投产后，第二年就形成了生产规模，当年实现了180万元的利润，成为当时全国石材行业的老大哥企业。这时候，从企业领导到一般工人都沾沾自喜，很有一种骄傲自满的情绪，致使这个全国最大的石材企业第二年就大滑坡，利润急剧下降，下降了80%。恰巧在这时候，国家建材局的一位领导前来视察工作，当时的矿长汇报工作时的第一句话就说："我们的企业全国居第一，全世界居第二！……"

听了那位矿长的话，局领导吃了一惊，接着就问："谁是世界第一呢？"

矿长显然没有料到对方会突然提出这么一个问题，一时张口结舌，答不上话来。

领导又问："你出过几次国？都去过哪些国家？"

矿长的额头上冒出了冷汗，结结巴巴地说："我……我去过一次日本……"

领导生气地说："你仅仅去过不生产石材的日本，连石材王国意大利的国门都没踏上，那你凭什么说这个企业居全世界第二呢？"

矿长的脸青一阵红一阵，站在那里不说话了。

这位矿长说话毫无根据，最终害了自己。

说真话既是一种品质，也是一种有效的说话方法，这种方法就叫作诚实取胜法。

有一位既平凡又普通的店员，在他40岁的那一年，突然对他长期以来强装笑脸、编造假话、吹嘘商品等招揽顾客的做法感到十分厌恶，他觉得这是一种痛苦的束缚。如今，他急欲摆脱这种束缚，以童叟无欺的态度面对顾客，他下定决心此后要向顾客讲真话，即使被解雇也在所不惜。有了这样的念头后，他顿时觉得轻松多了。

有一天，当第一个顾客进来询问有没有一种可折叠、调节高度的桌子时，他随即搬来了样品，如实地向顾客介绍了产品的结构状况。“坦白地说，这种桌子不怎么好，我常接到退货。”

“啊！”顾客说，“可是到处都看得见这种桌子，我以为它挺实用的。”“也许吧！”店员说，“不过据我看，这种桌子不见得能升降自如，虽然它的款式新颖，但在结构上有些问题，我实在不想向您隐瞒它的缺点。”

“结构上有问题？”顾客追问了一句。

“是的，它的结构过于复杂、精巧，结果反而不够简便。”店员走近桌子，用脚去踩踏板，本来应该轻踩，店员却一脚狠狠地踏踩，只见桌面突然往上撑起，碰到了那个人的下巴。

“对不起，我不是故意的。”

顾客笑了，脸上甚至还表现出喜悦的神色。

“很好。”他说，“不过，我还得仔细看看。”

“不错，买东西不精心挑选，很容易吃亏的。你看这桌子的木料并非上乘，而且贴面胶合得很差，劝你还是别买的好。”

“好极了。”顾客十分兴奋，而且还出乎意料地想买下这张桌子，并且要求马上取货。

顾客一走，这位店员立即受到上司的训斥，并被告知他被“炒鱿鱼”了。

于是，这位店员开始动手整理东西，准备办理离职手续。这时，突然来了一群人，争相要看这种桌子，并说他们是刚才那位买桌子的人介绍来的。这样一下子就卖出了50张桌子，完成了一笔大买卖。此事惊动经理后，店员不仅没被辞退，经理还主动给他加薪，并把他如实介绍商品状况的做法引介给其他店员，要求其他店员仿效。

诚实比欺瞒更有力量。林肯曾经说："你能在所有的时候欺瞒某些人；也能在某些时候欺瞒所有的人，但你不能在所有的时候欺瞒所有的人。"所以，要想真正赢得人心，最好的方法就是说真话。

事实上，一个经常不说真话的人是不能与人沟通和交流的。即使在一段时间里可能获得某种交际效果，但最终还是要付出代价的。我们小时候都听过"狼来了"的故事，试想，如果那个放牛娃懂得"说话要诚实"的道理，就不会导致最后的悲惨结局了。在日常生活中，我们一定要养成说真话的习惯，用真实的语言对待别人，做到表里如一、言行一致。

充满真诚的话最能打动听众

面对大众讲话时，诚挚、坦率的讲话能够吸引听众，能够缩短讲话者与听众之间的距离，使听众始终为讲话者的诚恳、坦率所打动，从而大大增强讲话的效果。

有一位老师写了一本"思想政治工作方法"的书，出版社没有给他稿费，而是让他自行推销一千册作为报酬。对那位老师来说，这远比讲课要难得多。

为了把书推销出去，他在学员中搞了一次演讲，他说："……当老师的在这里推销自己写的书，总不免有些尴尬。不过，如今作者也很难，写了书，还得卖书。出版社一下压给我一千册，稿费一文没有，所以我不推销不行。这本书写得怎样，我自己不好评说。不过有两点可以保证：第一，这本书是我用三年时间完成的，是我心血的结晶；第二，书的内容绝不是东拼西凑抄下来的，而是我自己长期思考的见解。前不久，这本书被思想政治工作研究会评为社科类图书的二等奖，这是获奖证书。说实话，对于我们这些教书匠来说，搞推销比写书还觉得难，只能硬着头皮来找大家帮忙。不过，买不买完全自愿，决不强迫。如果你觉得这本书对你有用，你又有财力，就买一本，算是帮我一个忙。谢谢。”他的这次演讲立即产生了效果，一次就卖掉了 300 多册。

这位教员不是专职推销员，但是他却获得了成功。从某种意义上说，他的成功就在于他恰到好处地表达了自己的真诚，赢得了听众的信赖。这说明，在讲话中学会表达真诚要比单纯追求流畅和精彩更重要。

高明的演说家总是用真实的情感、竭诚的态度去呼唤人们的心灵，使它振奋、感化、慰藉、激励；对真善美，热情讴歌；对假丑恶，无情鞭挞。用诚挚的心去弹拨他人的心弦，用善良的灵魂去感化他人的胸怀。让听者闻其言，知其意，见其心，达到情感上的共鸣，就会令讲话如春风化雨，润物无声，潜移默化，产生磁铁般的影响。

1915 年，小洛克菲勒还是科罗拉多州一个不起眼的人物。当时，发生了美国工业史上最激烈的罢工，并且持续达两年之久。愤怒的矿工要求科罗拉多燃料钢铁公司提高薪水，小洛克菲勒正负责管理这家公司。由于群情激愤，公司的财产遭受破坏，军队前来镇压，因而造成流血事件，不少罢工工人被射杀。

在那种情况下，可说是民怨沸腾。小洛克菲勒后来却赢得了罢工者的信服，他是怎么做到的呢？

小洛克菲勒花了好几个星期结交朋友，并向罢工者代表发表了一次充满真情的演说。那次演说可称为不朽之作，它不但平息了众怒，还为他自己赢得了不少赞誉。演说的内容是这样的：

“这是我一生当中最值得纪念的日子，因为这是我第一次有幸能和这家大公司的员工代表见面，还有公司行政人员和管理人员。我可以告诉你们，我很高兴站在这里，有生之年都不会忘记这次聚会。假如这次聚会提早两个星期举行，那么对你们来说，我只是个陌生人，我也只认得少数几张面孔。由于上个星期以来，我有机会拜访整个附近南区矿场的营地，私下和大部分代表交谈过，我拜访过你们的家庭，与你们的家人见过面，因而现在我不算是陌生人，可以说是朋友了。基于这份互助的友谊，我很高兴有这个机会和大家讨论我们的共同利益。”“由于这个会议是由资方和劳工代表所组成，承蒙你们的好意，我得以坐在这里。虽然我并非股东或劳工，但我深觉与你们关系密切。从某种意义上说，也代表了资方和劳工。”

多么出色的一番以情感人的话语，这可能是化敌为友的最佳艺术表现形式之一。假如小洛克菲勒采用的是另一种方法，与矿工们争得面红耳赤，用不堪入耳的话骂他们，或用话暗示错在他们，用各种理由证明矿工的不是，你想结果会如何？可能只会招惹更多的怨愤和暴行。

美国著名作家马克·吐温说得好：“真诚和热情是每个成功者的秘诀。这如同英雄有本领一样，是不能拿假武器去冒充的。”鲁迅说得也很深刻：“只有真的声音，才能感动中国人和世界人；必须有真的声音，才能同世界人同在世界上生活。”这个真就是真实和笃诚。不管世界上哪一个民族的语言，只要饱含真诚的情感，就能产生巨大的影响，就能唤起群众的热诚，就有震撼人心的力量。任何语言，情不真，情不深，则无以动人。

真正的朋友是用真诚换来的

友情是一种极需真诚来积蓄的财富。得不到友谊的人将是终身可怜的孤独者；没有友情的社会也只是一片繁华的沙漠。人与人之间的友谊是把多数人的心灵结合在一起，这种可贵的联系，是最温柔甜蜜的。友谊需要真诚，真诚是架设在人心之间的桥梁，是沟通心灵的纽带，是震荡情感之波的琴弦。

交友贵在真诚。不管一个人的相貌、学历、出身如何，只有带着真诚的情感跟别人交往，才能赢得知心的朋友。只有充满真诚的言行，才能赢得别人的心，交到知心的朋友。

东汉时，曾有一位为人称赞的典范，他名叫荀巨伯。此人交朋友特别讲求诚挚，重视“义”字。有一天，荀巨伯正在房中闲坐，忽然外面有人送进一封书信。荀巨伯打开一看，是自己的远方朋友写来的。信中说：“伯兄，别来无恙？！愚弟自与兄相识，亦有几度春秋，心中感幸。古人云：‘人生得一知己足矣’，与君促膝而谈，共话世事短长，何其乐哉？奈何来去匆匆，聚时不易别时也难。千里之遥，遥不可闻，天涯咫尺，共祈明月。无奈那日染病卧床，僵直难动，抬手举目亦是疲累，念去期之不远，恐弗能与君再会，心中愈感凄凉。此修书一封，薄纸片语无以尽述其意，唯兄知之。”

荀巨伯读完信，心中一颤，来不及多想，忙收拾东西，打好包裹上了路。朋友远在千里之外，荀巨伯星夜赶程，走了好几日，来到朋友所在的郡地时，却发现此地被胡人团团围住。

当时，随他同行的人都劝他说："最好还是别进去了，胡人野蛮，弄不好会丢掉性命的。"

他却什么也没有说，自顾前行，急急寻找朋友居处。

当朋友睁开微弱的双眼见到荀巨伯时，眼睛突然放出异彩，挣扎着想坐起来，荀巨伯赶紧伸出双手将他扶住，让他不要动。朋友望着风尘仆仆的荀巨伯，泪水在瘦削得不成样子的脸庞上滚动。喉间咕咕直响，却哽咽着说不出话来。荀巨伯握着友人枯瘦的手，望着瘦骨嶙峋的友人，也止不住掉下泪来。他凄声地说："愚兄应早早赶来才是，愚兄……"

朋友用细弱的声音说："胡人侵掠，怕是城镇不保。……你必须赶快想办法离开这里，我在临死之前能够见君一面也就心满意足了……我……不愿让你因为我的拖累而遭到什么不幸，你快走……"

说着，他示意荀巨伯快去逃命，荀巨伯立刻真诚地说："你这是什么话？你把我当成什么人啦？你病成这样我怎么能抛下你不管呢，那还算什么朋友？你未免太看扁我了。"

胡人很快破城而入，四处搜索，抢掠财物，但家家户户已是凌乱不堪，逃的逃，散的散，唯独有一院户秩序井然。胡人进来后见院中一切都很平静，不觉生奇，破门拥入室内，却见一人安然坐在屋中，他们进来后，那人只是看了他们一眼，随即又手端药碗给床上躺着的人喂药，这正是荀巨伯和他的朋友。

胡人当即火冒三丈，大发淫威："我大军所到之处，无不望风而逃，你是何人，竟如此大胆，轻视我等，莫非你要一个人挡住我勇武大军吗？”

荀巨伯将药碗放到床边的方桌上，站起来冲士兵们一抱拳，说：“请你们不要误会，我也不是这里的人，我的家距此有千里之遥。我到这里来是为了看望这位病重的朋友，不想与贵军相遇。现在我的朋友病情很严重，危在旦夕，而由于贵军的到来，大家逃的逃，走的走，可怜我的朋友无人照料。我是他的朋友，理应在此照料他，并非有意与你们作对。如果你们不肯放过我们，定要杀的话，我请求你留下我的朋友，他是一个病人，要杀就杀了我吧！”

说着他将头向前一伸。胡人听完当即全都愣在那里，面面相觑，相视无语。半晌，一个头领说：“想不到竟还有如此坚守道义的人，我们以不义之师侵道义之地，实乃罪过！”说着，冲其他人一挥手，“走吧！”

古罗马的普拉图斯曾说过：“在患难中结下的友谊是世界上最宝贵的东西。”荀巨伯真诚的言行不仅打动了挚友，甚至打动了野蛮的胡人，可见，真诚具有无与伦比的威力！

只有真情才能历久弥新，使友谊的芬芳越陈越香。如果你始终以同样的一颗赤子之心与人相处，还怕没有朋友吗？如此久而久之，你就是社交场合中最受欢迎的“名人”了。

三、语言带点幽默，沟通更有趣

幽默是一个人胸怀、能力和智慧的象征，是人际关系的润滑剂，日常生活的调味品。会说话的人总不忘时常转动“幽默”这把钥匙，用幽默使自己开心，使别人快乐，使生活少点烦恼多些情趣，同时也使自己给别人留下深刻的印象。

如何获得幽默的素材

说话幽默风趣是许多成功人士的共同特点，甚至是他们成功的关键因素。凭借这种能力，他们可以在大众面前侃侃而谈，成为关注的焦点，也能在职场上左右逢源，拓展人脉，从同事、老板和客户身上获取商机。

无论在任何场合，甚至在面对各种尴尬、愤怒、冲突、严肃、冷淡的场面时，幽默都有意想不到的功效。所以我们说，幽默不仅是生活的调味剂，也是工作的润滑剂；不仅是爱情的兴奋剂，也是对立的消融剂；不仅是家庭生活的粘补剂，也是仇敌宿怨者的稀释剂。由此可见，拥有幽默的口才是多么关键了。

想让自己变得幽默起来，最基本的就是平时注意积累幽默的素材，脑子里的素材多了，自然也就容易做到了。

那么，如何去获得这些幽默素材呢？

其实很简单，经常注意周围发生的和别人讲的趣事，甚至可以邀请朋友们共同收集幽默信息，你就会掌握越来越多的幽默素材。

家人、同事和亲朋好友的言谈举止中，都隐含着丰富的幽默题材，随时都会增加你的幽默资源。当你竖起耳朵凝神去听的时候，许许多多的人——演说家、听众、同行甚或对手，都会有助于你。

当你遇到一个和你不同行业的人时，就留心听他（或她）所讲的趣事，向人“偷”些故事来！借着故事的“窃取”，我们可以将幽默力量应用到适合自己的生活方式中去。

幽默是具有感染力的，接触多了，幽默感自然油然而生。多听听生活中的故事，从看似平淡无奇之中发现趣味，那么你的幽默力量将会不断增长。

生活中，幽默无所不在，而电影、电视、广播、戏剧等传媒表演中的节目，尤其是喜剧节目，都富有十分风趣的动作、情节和妙语等等，甚至某个小贩的一声悠扬别致的叫卖声，或者某辆车子的怪声怪气的喇叭响，街头路边的广告牌、标语，也不无趣味、俏皮，富有新鲜感。

另外，我们从书籍、商业杂志、报纸、漫画中，也都可以找到一些趣味的对白、妙语，可以用来充实你的幽默力量。

所有这一切都可以成为幽默的素材，关键要看你的耳朵能否帮助你感受到幽默，你的眼睛是否具有搜集这些幽默资料的能力了。

常见的 5 类幽默方式

幽默的方式有很多种，归纳起来可分为以下 5 种类型。

（1）双关语式的幽默

利用双关语言是产生幽默的最常见的方式。所谓双关，也就是你说出的话中包含了两层含义：一是这句话本身的含义，另一个是引申的含义，幽默就从这里产生了。也可说是言在此意在彼，让听者不只从字面上去理解，而且能领会言外之意。

有一则寓言说，猴子死了去见阎王，要求下辈子做人。阎王说，你既要做人，就得把全身的毛拔掉。说完就叫小鬼来拔毛。谁知只拔了一根毛，这猴子就哇哇叫痛。阎王笑着说："你一毛不拔，怎么做人？"这则寓言表面上是在讲猴子的事情，却很幽默地表达了"一毛不拔，不配做人"的道理，虽然讽刺性很强，却也不失幽默。

（2）夸张式幽默

将事实进行无限制的夸张，造成一种极不协调的喜剧效果，也是幽默的常见方式之一。

有一天，林肯因为身体不适，不想接见前来白宫要官的人。但是，一个要官的人却赖在林肯的身边，准备坐下长谈。正好这时，总统的医生走了进来，林肯便向他伸出双手，问道："医生，我手上的斑点到底是什么东西？"医生说："我全身都有。"林肯又问道："我看它们是会传染的，对吗？""不错，非常容易传染。"医生回答说。那位来客听了这话就信以为真，马上站了起来说："好了，林肯先生，我没有事，只是来探望你的。"林肯与医生的虚张声势，虽不动声色，却把那位要官的人吓跑了，使林肯摆脱了纠缠。

（3）曲解式幽默

所谓曲解，就是以一种轻松、调侃的态度，有意违反常规、常理、常识，利用语法手段，对对象进行“歪曲”“荒诞”的解释，从而造成因果关系的错位或逻辑矛盾，得到出人意料的结果，进而产生幽默感。

如有一次，一名新闻记者问萧伯纳：“请问乐观主义者和悲观主义者的区别何在？”这是一个范围很大且很抽象的问题，如果要从理论上做出一个准确的回答，恐怕得费好大劲儿也不一定能令对方满意。于是他说：“假如这里有一瓶只剩下一半的酒，看到这瓶酒的人如果高喊：‘太好了，还有一半！’这就是乐观主义者；如果悲叹：‘糟糕，只剩下一半了。’那就是悲观主义者。”在这里，萧伯纳巧妙地使用“以偏概全”的方法，选择了一个生动的事例，化大为小，回答得轻松自如，不仅颇有幽默感，而且令人回味无穷。

（4）模仿式幽默

这种通过模仿现存的词、句及语气等而创造新的语言，是幽默方式中很常见的一种。概括起来说就是，借助于某种违背正常逻辑的想象和联想，把原来的语言要素用于新的语言环境中，制造幽默感。

在美国的一所学校，有一位女教师总爱板着面孔上课，动不动就批评学生的顽劣，弄得学生怨声载道。一次她在课堂上提问：“‘要么给我自由，要么让我去死’这句话是谁说的？”过了一会儿，有人用不熟练的英语答道："1775年巴特利克·亨利说的。""对。同学们，刚才回答问题的是日本学生，你们生长在美国却回答不出来，而来自遥远的日本的学生却能回答，多么可怜啊！""把日本人干掉！"教室里传来一声怪叫。女教师气得满脸通红，问："谁？这是谁说的？"沉默了一会儿，有人答道："1945年，杜鲁门总统说的。"这位同学模仿老师的提问做了回答，产生了幽默的效果。

（5）形象式幽默

语言要富有幽默感，就必须言之有物，使其形象生动。这是因为，真实、形象、生动的语言，能促使人产生联想，产生"具象"，让人感觉余味无穷。

有一次，孙中山在广东大学（今中山大学）讲民族主义。礼堂非常小，听众很多，天气闷热，很多人都没精打采。见此情景，孙中山便穿插一个故事：那年我在香港读书时，看见许多苦力聚在一起谈话，听的人哈哈大笑。我觉得奇怪，便走上前去。有一个苦力说："后生哥，读书好了，知道我们的事对你没有什么帮助。"又一个告诉我："我们当中一个行家，牢牢记住那马票上面的号码，把马票藏在日常用来挑东西的竹杠里。等到开奖，竟真的中了头奖，他欢喜万分。他以为领奖后可以买洋房、做生意，这一生再也不用这根挑东西的杠子过生活了，一激动就把竹杠狠狠地扔到大海里。不消说，连那张马票也一起丢了。因为钱没有到手先丢了竹杠，结果是空欢喜一场。"孙中山风趣的话，引来台下一片笑声。孙中山接着回到本题："对于我们大多数人，民族主义就是这根竹杠，千万不能丢啊！"这个充满幽默感的故事不仅让昏昏欲睡的人们清醒过来，也使得孙中山的演讲取得了良好的效果。

制造幽默的 13 种方法

在现实交际场景中，制造幽默的方法与技巧很多，这里主要罗列出一些常用的幽默方法与技巧。

（1）夸张法

运用丰富的想象，把话说得较为夸张，也能收到幽默效果。如，一位教授说：“为了更确切地讲解青蛙的解剖，我给你们看两只解剖好的青蛙，请大家仔细观察。”学生则说：“教授，这是两块三明治面包和一只鸡蛋。”教授显得很惊讶：“我可以肯定，我已经吃过早餐了，但是那两只解剖好的青蛙呢？”

（2）反复法

一段话中，通过反复申说同一语句，能够产生不协调气氛，从而获得幽默效果。比如牛群的一段著名相声中的“领导”和“冒号”。

（3）啰唆法

说话中采用画蛇添足式的方法，同样能引人发笑。著名的相声名段“打电话”，就是采用了这种技巧，赢得了广大听众的喜爱与好评。

（4）倒置法

通过语言材料的变通使用，把正常情况下的人物关系的本末、先后、尊卑关系等在一定条件下互换位置，从而产生强烈的幽默效果。如把“我吃饭”说成“饭吃我”。

（5）倒引法

即引用对方言论时，能以其人之语还治其人之身。如：有一个老师见女学生吵闹不休，便说道：“两个女人等于一千只鸭子。”不久，当这位老师的夫人来学校找他时，有一个女生就赶忙向老师报告说：“先生，外面有五百只鸭子找您。”

（6）转移法

在特定条件下将一个表达方式的本义扭曲成另外的意义时，便会获得想要的幽默效果。如空中小姐用和谐悦耳的声音对旅客说道：“把烟灭掉，把安全带系好。”所有的旅客都按照空中小姐的吩咐做了。过了五分钟后，空中小姐用比前次还优美的声音又说道：“再把安全带系紧点吧，很不幸，我们飞机上忘了带食品。”

（7）歇后语法

说话中采用歇后语，是很多人经常使用的一种表达技巧。通过巧妙的话语转折，从而达到幽默的效果。歇后语分为前后两部分，前面部分一出，造成悬念，后面部分翻转，产生突变，“紧张”从笑中得到宣泄。如：“三九天穿裙子——美丽又冻（动）人。”

（8）偷换概念法

“偷换概念”之所以能造成幽默效果，是因为幽默的思维主要不是实用型的、理智型的，而是情感型的。因此，对于一般性思维来说是破坏性的东西，对于幽默来说则可能是建设性的。如：

老师：“今天我们来温习昨天教的减法。比如说，如果你哥哥有五个苹果，你从他那儿拿走三个，结果怎样？”

孩子：“结果嘛，结果他肯定会揍我一顿。”

（9）自相矛盾法

“矛盾”这个词本源于《韩非子》中那位卖矛和盾的生意人，表示事物之间的强烈冲突，有很强的喜剧色彩。生活中这样的现象十分常见，如果善加利用，就可取得很好的幽默效果。如：

夜大正在上课，突然停电了。黑暗中，老师对同学说：“停电了，我们无法继续上课，请同学们稍候，电铃一响就放学。”

（10）歪理法

用似是而非的荒唐道理去解释某种现象或问题的幽默方法，即是“歪理法”。如：

“您认为牛皮最大的用途是什么？”

“做皮衣。”

“不对。”

“做皮鞋。”

“还是不对！牛皮最大的用途是把牛包起来。”

（11）正话反说法

说出来的话、所表达的意思与字面完全相反，就叫正话反说。使用这种方法能够在不直接指明对方错误的基础上，使他们自我反省并认识自己的错误。

有一则宣传戒烟的公益广告，上面完全没提到吸烟的害处，相反却列举了吸烟的四大好处：①节省布料：因为吸烟易患肺痨，导致驼背，身体萎缩，所以做衣服就不用那么多布料；②可以防贼：抽烟的人常患气管炎，通宵咳嗽不止，贼人以为主人未睡，便不敢行窃；③可防蚊虫：浓烈的烟雾熏得蚊虫受不了，只得远远地避开；④永葆青春：不等年老便可去世。

（12）偷换角色法

偷换角色，就是故意将所指对象由自己换成他人，或者在明确理解对方所指对象之后，另外虚构一个不同于对方原本所指对象的新对象。例如：

在湖南的一个小山村里，人们都来为一位九十九岁高龄的老人庆祝生日，村长也来为这位老寿星捧场。他很自豪，因为在他的村里出了这么一位远近闻名的寿星。他高兴地向老人道喜："老伯，我给您拜寿了！希望明年还能给您庆贺百岁大寿！"

老人故作严肃地打量了村长一番，然后说："为什么不能呢？你的身体好像还挺结实的嘛！"

（13）自吹自擂法

自吹自擂的幽默作为一种"厚脸皮"的幽默技巧，能广泛地用于日常生活中。当然，你所"吹"所"擂"的东西应与现实情况有较大差异，并且表意明确，让对方很容易通过你的话语看出你的名不副实，这样，幽默才能顺利产生。

有一次，萨马林陪斯图帕托夫大公围猎，闲谈之中萨马林吹嘘自己说："我小时候也练过骑射，即使说不上精通，也算得上箭不虚发。"

大公要他射几箭看看，萨马林再三推辞不肯射，可大公非要看看他"箭不虚发"的本事。

实在没办法，萨马林只好拈弓搭箭。他瞄准一只麋鹿，第一箭没有射中，便说："罗曼诺夫亲王是这样射的。"

他再射第二箭，又没有射中，说："骠骑兵将军是这样射的。"

第三箭，他射中了，他自豪地说："瞧瞧，这才是我萨马林的箭术。”

除了以上13种外，制造幽默的方法还有其他一些，这里就不再赘述。当然，仅仅懂得了幽默方法还不足以表明富于幽默，问题的关键在于运用。

把握好幽默的尺度

培养起一定的幽默感并不是很难，但是要做到能够恰当地把握好幽默的尺度，并不是一件容易的事情。过分的幽默往往会使人产生古怪的感觉，尤其面对刚开始交往的人，你滔滔不绝，笑话连篇，表现出很风趣、很有才华的样子，常会让人反感，使人觉得你过于油嘴滑舌、轻飘虚伪，喜好卖弄自己。

凡事均要讲适度，幽默也如此。在生活中，适时适地运用幽默，才能使相互之间的关系更加和谐、亲密。这在那些旨在纠正他人的幽默技巧中表现得更为明显。这里就幽默的使用，有下面五个忠告。

（1）内容要健康

素材的内容取决于说话者的思想情趣与文化修养。在制造幽默时，内容健康、格调高雅的素材，不仅给对方以启迪和精神的享受，也是对自己美好形象的有力塑造。钢琴家波奇一次演奏时，发现全场有一半座位空着，他对听众说：“朋友们，我发现这个城市的人们都很有钱，我看到你们每个人都买了两三个座位的票。”于是这半屋子的听众放声大笑。波奇无伤大雅的玩笑话使他反败为胜。

（2）态度要友善

与人为善，是幽默的一个原则。幽默的过程，是感情互相交流传递的过程，如果借着幽默对别人冷嘲热讽，发泄内心厌恶、不满的感情，那么别人会认为你不能尊重他人，从而不愿与你交往。

（3）行为要适度

幽默除了可借助语言外，有时也可以通过行为动作来开玩笑。有对小夫妻，感情很好，整天都有开不完的玩笑。一天，丈夫摆弄鸟枪，对准妻子说:“不许动，一动我就打死你！”说着扣动了扳机。结果，妻子被意外地打成重伤。可见，开玩笑千万不能过度。

（4）对象要区别

同样一个玩笑，能对甲开，不一定能对乙开。人的身份、性格、心情不同，对玩笑的承受能力也不同。一般来说，后辈不宜同前辈幽默，下级不宜同上级幽默，男性不宜同女性幽默。在同辈人之间幽默，则要掌握对方的性格特征与情绪信息。

对方性格外向，能宽容忍耐，玩笑稍微过大也能得到谅解。对方性格内向，喜欢琢磨言外之意，幽默就应慎重。对方尽管平时生性开朗，但如恰好碰上不愉快或伤心事，就不能随便与之幽默。相反，对方性格内向，但正好喜事临门，此时与他开个玩笑，效果会出乎意料的好。

（5）必要的忌讳

①几辈同堂时的玩笑要高雅、解颐助兴，乐在其中。在这种场合，忌谈男女风流韵事。同辈人开这方面玩笑时，自己以长辈或晚辈身份在场时，最好不要掺言，只若无其事地旁听就是。

②和非血缘关系的异性单独相处时慎用幽默，特别是对一些敏感的问题，乱开玩笑往往会引起对方反感。

③和残疾人说话，注意避讳。人人都怕别人用自己的短处幽默，残疾人尤其如此。俗话说，不要当着和尚的面骂秃子，癞子面前不谈灯泡。

④考虑对方的接受度。双方都能欣赏才叫玩笑，所以幽默之前多替对方想一想，看看对方是否能接受，如果不考虑对方的接受度就乱幽默，只会自讨没趣。

最后要说的是，一个真正的幽默家首先要愿意接受他人的信息。当他人幽默地发表意见时，你有义务报以微笑，而不是冷言冷语，泼他一头冷水。幽默并非某一个人的特权，它是整个社会的财富。笑具有传染性，为他人捧场，你的合作态度会得到由衷的感谢，只要气氛活跃了，该你施展幽默时，也会一路绿灯。

四、打破拘谨，制造一见如故的感觉

不少人与熟悉的人可以侃侃而谈，而一旦面对陌生人就手足无措、无话可说。其实，这是没有掌握与陌生人说话的方法的缘故。如果你学会了如何突破陌生感，怎样寻找合适的话题，与不熟悉的人畅快交谈就显得不那么困难了。

从得体的自我介绍开始

与陌生人交往，自我介绍是必不可少的。从交际心理看，人们初次见面，彼此都有一种了解对方并希望得到对方尊重的心理。这时，如果你能及时、简明地进行自我介绍，不仅满足了对方的需求，而且对方也会以礼相待，自我介绍。这样，双方以诚相待，就为彼此的沟通及进一步交往奠定了良好的基础。

自我介绍的方式根据不同场合、环境的需要，主要有以下几种：

①应酬式的自我介绍。这种自我介绍方式最简洁，往往只包括姓名一项即可。如："您好！我叫张三……"它适合于一些公共场合和一般性的社交场合，如途中邂逅、宴会现场、舞会、通电话时。它的对象主要是一般接触的交往人。

②工作式的自我介绍。这种介绍的内容包括本人姓名、供职的单位及部门、担负的职务或从事的具体工作等三项，又叫工作式自我介绍内容的三要素，通常缺一不可。

a. 姓名。应当一口报出，不可有姓无名，或有名无姓。

b. 单位。供职的单位及部门，如可能最好全部报出，具体工作部门有时可以暂不报出。

c. 职务。担负的职务或从事的具体工作，有职务最好报出职务，职务较低或者无职务，则可报出目前所从事的具体工作。

举个例子，可以说："我叫唐果，是大秦广告公司的公关部经理。"

③交流式的自我介绍。也叫社交式自我介绍或沟通式自我介

绍，是一种刻意寻求与交往对象进一步交流与沟通，希望对方认识自己、了解自己、与自己建立联系的自我介绍。适用于一些社交活动，大体包括本人的姓名、工作、籍贯、学历、兴趣以及与交往对象的某些熟人的关系等。如：“我叫王光，是里润公司副总裁。10年前，我和您先生是大学同学。”

④礼仪式的自我介绍。这是一种表示对交往对象友好、充满敬意的自我介绍，适用于讲座、报告、演出、庆典、仪式等正规的场合，内容包括姓名、单位、职务等项。自我介绍时，还应多加入一些适当的谦辞、敬语，以示自己尊敬交往对象。如：“女士们、先生们，大家好！我叫宋玉，是精英文化公司的总经理。值此之际，谨代表本公司热烈欢迎各位来宾莅临指导，谢谢大家的支持。”

⑤问答式的自我介绍。针对对方提出的问题，做出自己的回答。这种方式适用于应试、应聘和公务交往。在普通交际应酬场合，它也时有所见。举例来说，对方发问：“这位先生贵姓？”回答：“免贵姓张，弓长张。”

想要自我介绍恰到好处、不失分寸，还必须高度重视下述几个方面的问题：

①要有自信心。要保持自然、友善、亲切、随和，整体上讲求落落大方，笑容可掬。在日常交往尤其求人办事时，有些人怕见陌生人，见到陌生人，似乎思维也凝固了，手脚也僵硬了。本来伶牙俐齿的，变得说话结巴；本来笨嘴笨舌的，嘴巴更像贴了封条。这种状况怎能介绍好自己呢？要克服这种胆怯心理，关键是要自信。有了自信心，才能介绍好自己，给别人留下好的印象。

②要真诚自然。语气要自然，语速正常，语音清晰。生硬冷漠的语气、过快过慢的语速，或者含混不清的语音，都会严重影响自我介绍者的形象。

有人把自我介绍称为自我推销。既然推销产品时需要在“货真价实”的基础上做宣传，那么推销自我时也不能不顾事实而自我炫耀。因此，做自我介绍时，最好不要用“很”“最”“极”等极端的词汇，给人留下“狂”的印象；相反，真诚自然的自我介绍，往往能使自己的特色更闪闪发光，引起人们的注意。

③要考虑对象。自我介绍的根本目的是要给对方留下一个印象，方便以后交谈和交往，因此要站在对方理解的角度来说话。在介绍自己时，一定要重视那个或那群与你打交道的人，要随机应变。如你面对的是年长、严肃的人，你最好认真规矩些；如与你打交道的人随和而具有幽默感，你不妨也比较放松地展示自己的特点，做出有特色的自我介绍来。

④控制时间。一是进行自我介绍一定要力求简洁，尽可能地节省时间。通常以半分钟左右为佳，如无特殊情况最好不要长于 1 分钟。为了提高效率，在做自我介绍的同时，可利用名片、介绍信等资料加以辅助。二是自我介绍应在适当的时间进行，最好选择在对方有兴趣、有空闲、情绪好、干扰少、有要求之时。如果对方兴趣不高、工作很忙、干扰较大、心情不好、没有要求、休息用餐或正忙于其他交际之时，则不太适合进行自我介绍。

总之一句话，要在自我介绍中表现出你的口才和风度，使它成为与人沟通和进一步交往的良好铺垫。

怎样寻找交谈的话题

谈话就是要善于寻找话题。有了好题目，写文章往往会文思泉涌，一挥而就；有了好话题，交谈就能使谈话融洽自如。好话题是初步交谈的媒介，深入细谈的基础，纵情畅谈的开端。好话题的标准是：至少有一方熟悉，能谈；大家感兴趣，爱谈；有展开探讨的余地，好谈。

那么，怎么找到话题呢？

（1）中心开花

如果你面对的是很多陌生人，就要选择众人关心的事件为话题，把话题对准大体的兴奋中心。这类话题是大家想谈、爱谈、又能谈的，人人有话，自然能说个不停，这样一来，就能引起许多人的议论和发言，达到“语花”飞溅的场面。

（2）即兴引入

就是即兴地借用当时的地点、场景、人物等的某些材料为题，借此引发交谈。有人善于借助对方的姓名、籍贯、年龄、服饰、居室等，即兴引出话题，常常可以取得好的效果。“即兴引入”法的优点是灵活自然，就地取材，其关键是要思维敏捷，能做由此及彼的联想。

（3）投石问路

向河水中投块石子，探明水的深浅再前进，就能有把握地过河；与陌生人交谈，先提一些“投石”式的问题，在略有了解后再有目的地交谈，便能谈得更为自如。如在聚会时见到陌生的邻座，便可先“投石”询问：“你和主人是老乡呢还是老同学？”无论问话的前半句对，还是后半句对，都可循着对的一方面交谈下去；如果问得都不对，对方回答说是“老同事”，那也可谈下去了。

（4）循趣入题

找到陌生人的兴趣，循趣发问，能顺利地进入话题。如对方喜爱象棋，便可以此为话题，谈下棋的情趣，车、马、炮的运用，等等。如果你对下棋略知一二，那肯定谈得投机。如你对下棋不太了解，那也正是个学习机会，可静心倾听，适时提问，借此大开眼界。

（5）搭上关系，由浅入深

与陌生人谈话，必须在缩短距离上下功夫，力求在短时间内了解得多些，缩短彼此的距离，力求在感情上融洽起来。孔子说：“道不同，不相谋。”聪明者要想方设法让对方觉得你们志同道合，这样才能谈得拢。有一个成语叫作“一见如故”，陌生人要能谈得投机，要在“故”字上做文章，变“生”为“故”。下面是变“生”为“故”的几个方法。

①适时切入。看准情势，不放过应当说话的机会，适时插入交谈，适时地“自我表现”，能让对方充分了解自己。

交谈是双边活动，光了解对方，不让对方了解自己，同样难以深谈。陌生人如能从你“切入”式的谈话中获取教益，双方会更亲近。适时切入，能把你的知识主动有效地献给对方，实际上符合“互补”原则，奠定了“情投意合”的基础。

②借用媒介。寻找自己与陌生人之间的媒介物，以此找出共同语言，缩短双方距离。如见一位陌生人手里拿着一件东西，可问：“这是什么？……看来你在这方面一定是个行家。正巧我有个问题

想向你请教。”对别人的一切显出浓厚兴趣，通过媒介物引发自我表露，交谈也会顺利进行。

③留有余地。留些空缺让对方接口，使对方感到双方的心是相通的，交谈是和谐的，进而缩短距离。因此，和陌生人交谈，千万不要把话讲完，把自己的观点讲死，而应是虚怀若谷，欢迎探讨的样子。

最关键的是找到共同点

同陌生人谈话最关键的就是能够尽快地找到双方的共同点。有些人在初识者面前感到拘谨难堪，只是没有发掘共同感兴趣的话题而已。这一点可能大多数人都知道，但还是有人以为，素昧平生，初次见面，何来共同感兴趣的话题？特别是所处的行业不同，找共同点就更难了。

其实不然。比如一位小学教师和一名泥水匠，两者似乎很难找到共同点。但是，如果这个泥水匠是一位小学生的家长，那么，两者可就如何教育孩子各抒己见，交流看法，沟通信息，切磋探讨。生活在同一时代、同一国土，只要善于寻找，何愁没有语言？只要双方留意、试探，就不难发现彼此对某一问题有相同的观点，在某一方面有共同的兴趣爱好，有共同关心的事情。

可见，只要善于思考，掌握了正确方法，选好角度，找共同点并不是太难的事。那么，在具体实践中，我们怎样去找同陌生人之间的共同点呢？

（1）察言观色，寻找共同点

一个人的心理状态、精神追求、生活爱好等等，都或多或少地在他们的表情、服饰、谈吐、举止等方面有所表现。只要你善于观察，就会发现你们的共同点。

在火车上，一名中文教师见对面座位上的一个年轻人正在看一本世界名著，于是主动与他交谈："你是学什么专业的呀？"对方回答："我是学中文的。""哎呀，咱们是学同一个专业的，我也是学中文的，你们上学时学的什么版本？"……

由于这位中文老师仔细观察，寻找到了共同点，打开了交谈的思路。

当然，通过察言观色发现的东西，还要同自己的情趣爱好相结合，自己对此也要有兴趣，才有可能打破沉寂的气氛。否则，即使发现了共同点，也还是会无话可讲，或讲一两句就"卡壳"了。

（2）以话试探，侦察共同点

陌生人相遇，为了打破沉默的局面，开口讲话是首要的。有人以招呼开场；有人以动作开场，一边帮对方做某些急需帮助的事，一边以话试探；有人通过借书借报来展开交谈。

刘女士到医院就诊，坐在候诊大厅里，邻座坐着的一位大姐很健谈，主动问她："你是来看什么病的？听口音不像本地人，你老家是哪里的呀？"当她得知刘女士是山东青岛人时，很高兴地说："青岛非常美，我以前出差去过多次……"刘女士便问："那您在什么单位工作呀？"于是她们亲切地交谈起来，等到就诊时，她们已经是熟悉的朋友了，分手时还互邀对方做客。

这种融洽的效果看上去是偶然的，实际上也是有其必然原因的。只有通过"火力侦察"，发现共同点，交谈才能顺畅。

（3）听人介绍，猜度共同点

你去朋友家串门，遇到有陌生人在座，作为对于二者都很熟悉的主人，一般会马上出面为双方介绍，说明双方与主人的关系，各自的身份、工作单位，甚至个性特点、爱好等等。细心人从介绍中马上就可发现对方与自己有什么共同之处。

一位县物价局的股长和一位县中学教师在朋友家见面了，主人把这对陌生人做了介绍，他们发现都是主人的同学这个共同点，马上就围绕“同学”这个突破口进行交谈，进一步了解，以致变得亲热起来。

这当中重要的是在听介绍时要仔细地分析、认识对方，发现共同点后再在交谈中延伸，不断地发现新的共同关心的话题。

（4）揣摩谈话，探索共同点

为了发现陌生人同自己的共同点，可以在对方同别人谈话时留心分析、揣摩，也可以在对方和自己交谈时揣摩对方的话语，从中发现共同点。

在公共汽车上，小张和一个老乡只顾说话，不慎踩到了旁边一位老者的脚，她忙道歉说：“对不起，对不起。”老先生笑着说：“你是哈尔滨人吧！”小张奇怪地点点头，老先生忙说：“我曾经在那里工作了三年，那是十年前的事了，现在哈尔滨变化挺大吧！”这样一路下来，小张同老先生谈得很投机，谈着谈着还发现老先生就是小张上学的学校的老教授，后来小张还多次拜访过老先生，有很大的受益。

由此可见，通过细心揣摩对方的谈话，可以找出双方的共同点，使陌生的路人变为熟人，进而发展成为朋友。

（5）步步深入，挖掘共同点

发现共同点是不太难的，但这只是谈话的初级阶段所需要的。随着交谈内容的深入，共同点会越来越多。为了使交谈更有益于对方，必须一步步地挖掘深层次的共同点，才能如愿以偿。

寻找共同点的方法还有很多，比如面临的共同的生活环境，共同的工作任务，共同的行路方向，共同的生活习惯等等，只要仔细观察，与陌生人无话可讲的局面是不难打破的。

第四章

学会对“症”说话

一、给对方一个美丽的心情

生活中我们都有这样的经验：某人受到称赞后，总会笑着说对方会说话。的确，人类天性中都有做一个重要人物的欲望，会夸奖别人的人正是顺应了这种欲望。他们送给别人的是美丽心情，得到的不仅是好感与信任，还有顺利与成功。

“逢人减岁，遇物加钱”

在日常生活中，有一些赞美他人的技巧非常简单，又非常实用，如果能够经常恰当地使用它，一定会为你的人际关系的融洽度增色不少。例如，老百姓常用的“逢人减岁”与“遇物加钱”。

先说“逢人减岁”。

一般来说，成年人对自己的年龄是非常敏感的，有谁不希望自己永远年轻而不要过早地老去呢？如果，你是一位刚刚三十出头的小伙子，却被别人看作中年人了，你的心里能高兴吗？

出于成年人普遍存在的这种怕老心理，“逢人减岁”这种说话技巧便有了讨人喜欢的“市场”了。这种技巧的特征在于把对方的年龄尽量往小处说，从而使对方觉得自己显得年轻，保养有方等，进而产生一种心理上的满足。

举个例子，一位三十多岁的人，你说她看上去只有二十多岁；一个六十多岁的人，你说她看上去只有四五十岁，这种“美丽的错误”，对方是不会认为你缺乏眼力，对你反感的，相反，她会对你产生好感，形成心理上的相容。如此，你又何乐而不为呢?

在具体运用“逢人减岁”赞美别人时，不妨将对方的年龄按实际年龄打七折，这是最佳的策略。因为打九折所产生的作用不大，而打五折又有虚伪之嫌，所以折中下来，七折是最佳的运用程度。

当然，我们要特别注意的是，“逢人减岁”这种技巧通常只适用于成年人，尤其是中老年人。假如面对的是幼儿或少年，“逢人添岁”（即把对方的年龄往大处说）的技巧效果会较好，因为他们往往有一种渴望长大的心理。

再说“遇物加钱”。

遇物加钱是指在品评别人所购物品时，对其价格故意高估，从而使对方高兴，求得更好的心理相容。

买东西是我们这些凡夫俗子再平常不过的一种日常生活行为。在我们的心中，能用“廉价”购得“美物”，那是善于购物者所具有的品格，那是精明人的一种象征，虽然我们不会，也不可能都是善于购物者，但我们还是希望自己的购物能力能得到别人的认可。因此，当我们买了一件物品之后，如果自己花了 200 元，别人认为只需 120 元时，我们就会有一种失落感，觉得自己不会买东西。但当我们花了 120 元，别人认为需要 200 元时，我们则有一种兴奋感，自以为很会买东西。由于这种购物心态的存在，“遇物加钱”这种说话技巧也就有了用武之地。

遇物加钱法很能讨得对方欢心，操作起来也很简单：对其价格高估就行了。当然“价格高估”也需注意，一要对物价心里有底，二不能过分高估，否则就收不到好的效果了。

上面我们所说的“逢人减岁，遇物加钱”的赞美方式，说穿了就是一种投其所好。但是只要我们的目的光明正大，这种投其所好，于自己、于对方、于社会都会无害，至多只能说它们是“美丽的错误”“无害的阴谋”，我们何乐而不为呢？

善于提起对方的得意事

俗话说，“酒逢知己千杯少，话不投机半句多”。每个人都有他爱听的、喜欢听的话，从对方得意的地方说起，就如同给一个饥饿不堪的人一块馒头，效果之好不言自明。

每一个人都有自认为得意的事情，这事情本身究竟有多大价值，是另一个问题，而在他本人看来，却认为是一件很有价值的事。你如果能预先打听清楚，在有意无意之间很自然地讲到他得意的事情，只要他对你没有厌恶的情绪，只要他目前没有其他不如意的刺激，在情绪正常的情况下，他一定高兴听你说。

菲德尔费电气公司的约瑟夫·S. 韦普先生就善于提起别人的得意事，使一个拒他于千里之外的老太太十分乐意地与他达成了一笔大生意，顺利完成了推销用电的任务。

那天韦普走到一家看来很富有的整洁的农舍前去叫门。当时，户主布朗肯·布拉德老太太只将门打开一条小缝。当得知他是电气公司的推销员之后，便猛然把门关闭了。韦普再次敲门，敲了很久，大门尽管又勉勉强强开了一条小缝，但未及开口，老太太却已毫不客气地破口大骂了。

韦普经过一番调查，终于找到了突破口。这一天，韦普又上门了，等门开了一条缝时，他赶紧声明：“布拉德太太，很对不起，打扰您了，我的访问并非为电气公司，只是要向您买一点鸡蛋。”老太太的态度温和了许多，门也开得大多了。韦普接着说：“您家的鸡长得真好，看它们的羽毛长得多漂亮。这些鸡大概是名种吧！能不能卖一些鸡蛋呢？”门开得更大了，并反问：“您怎么知道是名种的鸡呢？”韦普知道，办法已初见成效了，于是他更加诚恳而恭敬地说：“我家也养了这种鸡，可像您所养的这么好的鸡，我还从来没见过呢！而且我家的鸡，只会生白蛋。附近大家也都说只有您家的鸡蛋最好。夫人，您知道，做蛋糕得用好蛋。我太太今天要做蛋糕，我只能跑您这里来。……”老太太顿时眉开眼笑，高兴起来，由屋里跑到门廊来。

韦普利用这短暂的时间瞄了一下四周的环境，发现这里有整套养乳牛的设备，他断定男主人是养乳牛的，于是继续说：“夫人，我敢打赌，您养鸡的钱一定比您先生养乳牛的钱赚得还多。”老太太心花怒放，乐得几乎要跳起来，因为她丈夫长期不肯承认这件事，而她则总想把“真相”告诉大家，可是没人感兴趣。

布拉德太太马上把韦普当作知己，不厌其烦地带他参观鸡舍。韦普知道，他新办法的效果已渐入佳境了。但他在参观时还是不失时机地发出由衷的赞美。

老太太毫无保留地传授了养鸡方面的经验，韦普先生极其虔诚地当作学生。他们变得很亲近，几乎无话不谈。在这个过程中，老太太也向韦普请教了用电的好处。韦普针对养鸡需要用电详细地予以说明，老太太也听得很虔诚。

两星期后，韦普在公司收到了老太太的用电申请。不久，老太太所在地申请用电者源源不断。老太太已成为韦普先生的热心帮手。

可见，谈论别人自认为得意的事，效果有多么奇妙。这些“得意”之事在别人看来可能微不足道，但在当事人眼里，那却是值得骄傲的，如果得到了你的肯定，你就等于是他（她）的知己。

要注意的是，在说的时候当然要注意技巧，表示敬佩，但不要过分推崇，否则反而会引起他的不安。到了这种境地，他自会格外高兴，自会亲自演述，你应一面听，一面说几句表示赞赏的话，如此一来，即使他是个冷静的人，也会变得和蔼可亲。

赞美关键是要到点上

赞美对于生活和交际确实有神奇的功效，但凡事都是讲究方式和技巧的，如果赞美不到点上，不但起不到应有的作用，反而会适得其反。所以，我们在赞美别人时要注意以下几点。

（1）抓住时机，不要雨后送伞

生活当中，同事、朋友或家人的优点，随时都可能显现。而且它处于一个稍纵即逝的运动过程之中，个别时候还犹如昙花一现。所以，一个善于赞美别人的人，总是能抓住时机，奉献赞美，赢得对方和在场者的好感，起到征服人心的效果。

当你下班后走进家门，看见娇妻已先到一步，已经为你准备好晚餐，你只要深情地望她一眼，说一句“真是太辛苦你了，看到桌上的菜我就饿了”，或边吃边说“真好吃，有这样一个老婆，我太幸福了”，她一定会心花怒放的。倘若你酒足饭饱之后，才说一句“你今天回来得真早”，那样的效果，已经是雨后送伞了，她还能感受到你当时就有的那份真情吗？

（2）选好赞美点

赞美别人时，要具体地指出值得赞美的地方，才能让人真切地感受到自身的优越性，愉快地接受你的赞美。平时我们可以选择以下方面赞美对方。

①物品打扮方面

由衷地称赞别人的物品以及身上的衣饰，能够打开对方的心扉。如对方在郊外建了一栋漂亮的新宅，你参加乔迁酒会时，不妨由衷地赞赏建筑物的优点，增进感情交流。平时留意同事、朋友，如对方的领带、衬衫稍有变化就说：“你的领带质料不错”，“你的新衬衫很帅气”，“发型很好看”等。

②赞美对方的亲友

“听说你的父亲过去是外企驻京总代理，以能干出名。”

“你的哥哥要参加全国卡拉OK大赛吗？真不简单。”

“你的儿子考上研究生了，恭喜你！”

（3）赞扬应该适度

凡事皆有度。赞美应该恰到好处。正如一个气球，吹得太小不好看；吹得太大易爆炸。要做到赞扬适度需要注意以下两点：

第一，赞扬要有所保留。常言道：“瑕不掩瑜”，指出对方的缺点和不足，并提出一定的希望，不仅不会损害赞扬的力度，相反，会使赞扬显得真诚、实在，易于为人接受。真诚的赞扬要有所保留，像“第一”“最好”“天下无双”之类的帽子别乱戴。

第二，有比较地赞扬。有一次，汉高祖刘邦与韩信谈论诸将才能高下。刘邦问道：“你看我能指挥多少兵马？”韩信回答：“陛下至多指挥十万兵马。”刘邦又问：“那你能指挥多少兵马？”韩信自豪地回答：“臣多多益善耳。”刘邦笑道：“既然你带兵的本领比我大，为什么被我控制呢？”韩信很诚实地说：“陛下不善于指挥兵，但善于驾驭将，这就是我被陛下控制的原因。”韩信的称赞首先肯定了刘邦控制大臣为自己效命的能力，但又指明了他在带兵作战方面与自己相比有不足之处。话说得很实在，很坦诚，刘邦不但不怒，反而很满意。

（4）间接地赞美

直接赞美有可能会被人认为那只是应酬话、恭维话。如果进行间接的赞美，对方就会由衷地高兴。

主任：“小马，听我们部门的刘勇说你们俩是校友。”

小马：“是的，他是低我两届的校友，大学时还共同在校学生会工作呢！”

主任：“是吗？难怪他那么了解你、佩服你，说你在交际和管理方面都特别出色，是他学习的榜样呢！”

可想而知，小马听见主任如此说，怎会不心花怒放呢？

（5）要有一定的前瞻性和预见性

赞美不仅要符合眼前的实际，而且要高瞻远瞩，具有一定的前瞻性和预见性，提升你赞美的高度，经得起推敲和时间的考验。要达到这样的效果，需要注意以下几点：

①要把赞美的眼光放长放远，使自己的赞美能经受得住时间的检验。

②赞美别人要站在一定高度上。只有站得高，才能更充分地发掘别人的优点和成绩的意义。

③要注意考察别人的成绩或长处的影响范围，使你的赞美更加具体、贴切。

④要善于见微知著，从小事上发掘出重大意义，从眼前影响推测将来影响。

⑤要深入了解别人的真实能力和形势的发展趋势。

（6）背后赞美更有效

直接称赞对方和通过第三者间接地来传达，其效果是不同的。直接称赞的话，如果现场有第三者在，有可能会引起这位第三者的嫉妒。即使是一对一面对面的称赞，或许有可能会被误认为别有用心。相较之下，透过第三者间接地传达赞语，比较容易增添真实的味道，也比较容易让当事人接受。

（7）赞美不可过多过滥

在一段时间里，你对同一个人赞美的次数越多，那么赞美的作用力也就越低。因此，尽管人们需要赞美，但赞美不能毫不吝啬地随便给予。如果你过于频繁地赞美某人，你极可能被对方误解为以虚誉钓人的献媚者，甚至对你产生警惕、反感。

社会心理学家阿伦森的人际吸引水平变化规律说明，我们总是喜欢那些对自己的赞美不断增加的人。将自始至终都赞美自己的人和起初贬低自己但逐渐发展到赞美自己的人相比，我们更喜欢后者。强调要注意赞美的频率，也就是说要慎重地给予赞美。

二、少些指责和争论，说话要转个弯儿

人都有自我肯定的倾向，要想让自己说出的话受人欢迎，最好不要指使、否定或指责对方。在无关大局的小问题上，少一点指责和争论，你的话就动听得多，路也会好走得多。

每个人都全力维护自尊

人人都有自尊心。不但大人物有，小人物也一样，甚至更强烈。当一无所有时，自尊心便是需要固守的最后领地。没有人愿意别人漠视自己作为一个人的存在。有时，人们为了维护自尊，甚至会坚持错误，不可理喻。

古训有云："己所不欲，勿施于人。"可我们往往忽略了这一点。我们常常无情地剥掉别人的面子，伤害别人的自尊心，抹杀别人的感情，却又自以为是。我们在他人面前呵斥别人，找差错，挑毛病，甚至进行粗暴的威胁，却很少设身处地地为他们着想，考虑别人的感受。

罗宾森教授曾说过一段富有启示性的话："人，有时会很自然地改变自己的想法，但是如果有人说他错了，他就会恼火，更加固

执己见，使他全心全意地去维护自己的想法。不是那想法本身多么珍贵，而是他的自尊心受到了威胁……”

所以，任何情况下都要让对方下得了台阶，保全他的自尊心。保全别人的自尊，是我们通向成功的一条宽广之路。面对别人的过失或窘境，一句指责的话语，一种不满的腔调，一个不耐烦的手势，都可能带来难堪的后果。如果我们当面驳斥一个人，他会同意我们的观点吗？绝对不会！因为我们否定了他的智慧和判断力，打击了他的自尊心，同时还伤害了他的感情。他非但不会同意我们的观点，还要进行反击。如果我们认识不到这一点，常常以一种“坚持真理”的姿态去焚烧别人的自尊心，就会使我们的生活处处碰壁，人生的旅途就很容易拐进死胡同。在人际交往中，平等对待别人、尊重别人，才是“真理”。除此之外，只有冲突和调和，没有真理。

本杰明·富兰克林曾在自传中写道：“我立下一条规矩，决不正面反对别人的意见，也不让自己武断。我甚至不准自己在文字上或语言上持过分肯定的意见。我决不用‘当然’‘无疑’这类词，而是用‘我想’‘我假设’‘我想象’。当有人向我陈述一件我不以为然的事情时，我绝不立刻驳斥他，或立即指出他的错误；我会在回答的时候，表示在某些情况下他的意见没有错，但目前看来好像稍有不同。我很快就看见了收获。凡是我参与的谈话，气氛变得融洽多了。我以谦虚的态度表达自己的意见，不但容易被人接受，冲突也减少了。我最初这么做时，确实感到困难，但久而久之就养成了习惯。我提出的新法案能够得到同胞的重视。尽管我不善于辞令，更谈不上雄辩，遣词用字也很迟钝，有时还会说错话，但一般来说，我的意见还是得到了广泛的支持。”

渴望被肯定是人类共同的心理。如果你懂得满足人类这种欲望，便可以更好地与别人沟通。对他人的长处彬彬有礼地承认，对他人的错误同情地原谅，你走到哪里都会受欢迎。

有效避免争论的6个技巧

在一般交谈的场合，交谈的主要目的是促进彼此的了解，增进双方的友谊，是一种社交性的活动，没必要为一些小问题争论不休。

争论往往是情绪化的、非理性的。一旦争论发生，即使你说得头头是道，对方也不会接受，这时完全是他的感觉在起作用。伴随着争论出现的，必定是叫嚷、威吓、羞辱、奚落，完完全全的一场个人争斗。争论最大的弊端正是双方观点上的冲突转变为自尊的冲突，也就注定没有人能赢得争论。要是你错了，当然你是输了；即使你是对的，你还是输了，因为你已得罪了人。

那么如何有效避免争论呢？

（1）尽量了解别人的观点。

在许多场合，争论的发生多半由于大家只看重自己这方面的理由，而对别人的看法没有好好地去研究，去了解。如果我们能够从对方的立脚点去看事情，尝试着去了解对方的观点，认识到为什么他会这样说、这样想，这样，一方面会使我们自己看事情的时候比较全面，另一方面也可以看到对方的看法也有他的理由。即使你仍然不同意他的看法，但也不至于完全抹杀他的理由，那么自己的态度就可以比较客观一点，自己的主张就可以公允一点，发生争论的可能性就减少了。

同时，如果你能把握住对方的观点，并用它来说明你的意见，那么，对方就更容易接受，而你对其观点的批评也会中肯得多。一旦他知道你肯细心地体会他的真意，他对你的印象就会比较好，他也会尝试着去了解你的看法。

（2）对于对方的言论，应尽量先加以肯定你所同意的部分，并且向对方明确地表示出来。

一般人常犯的错误就是过分强调双方观点的差异，忽视了可以相通之处。所以，我们常常看到双方为了一个枝节上的小差别争论得非常激烈，似乎彼此的主张没有丝毫相同之处。这实在是一件不智之举，不但浪费许多不必要的精力与时间，而且使双方的观点更难沟通，更难得到一致的或相近的结论。

解决的办法是，先强调双方观点相同或近似的地方，在此基础上，再进一步去求同存异。我们的目的是在交谈中使双方的观点更接近，双方的了解更深。

即使你所同意的仅是对方言论中的一部分或一小部分，只要你肯坦诚地指出，也能营造比较融洽的交谈气氛，而这种气氛，是能够帮助交谈发展，增进双方的了解的。

（3）双方发生意见分歧时，你要尽量保持冷静。

通常，争论多半是双方共同引起的，你一言我一语，互相刺激，互相影响，结果就火气越来越大，情感激动，头脑也不清醒了。如果有一方能够始终保持清醒的头脑和平静的情绪，就不至于争吵起来。

但也有的时候，你会遇见一些非常喜欢跟别人争论的人，尤其是他们蛮横的态度和无理的言辞常常使一个脾气很好的人都会难以忍耐。在这种时候，如果你仍然能够不慌不忙，不急不躁，不气不恼，你就能够跟那些最不容易合作的人好好地进行有益的交谈。

（4）永远准备承认自己的错误。

坚持错误是容易引起争论的原因之一。只要有一方在发现自己的错误时立即加以承认，那么，任何争论都容易解决，而大家在一起互相讨论，也将是一桩非常令人愉快的事情。在我们谈话的时候，我们不能对别人要求太高，但却不妨以身作则，发现自己有错误的时候，就立刻爽快地加以承认。这种行为，这种风度，不但给予别人很好的印象，而且还有助于促进谈话与讨论，使双方心情愉快地交换意见与研究问题。

（5）不要直接指出别人的错误。

在日常生活中，并不是每一个人都能够始终保持清醒的头脑和平静的情绪，有许多人都有感情用事的毛病。即使那些很愿意跟别人心平气和地讨论问题的人，有时也不免受自己的情绪支配，在自己的思考与推论中，掺进一些不合理的成分。如果你把这些成分直截了当地指出来，往往使对方的思想一时转不过来，或是情绪上受了影响，感到懊恼异常，或者引起他的恶意的反攻，或者使他尽力维护他的弱点。这对交谈的进行都是十分不利的。

当你发现对方推论错误时，你应放慢交谈的速度，用一种商讨的、温和的语调陈述你自己的看法，使他能够自己发现你的推论更有道理。在这种情形下，他也就比较容易改变他的看法。

（6）通过交谈改变对方。

要改变一个人的看法和主张，并不是一朝一夕就可以成功的，所以我们不但不能心急地让别人接受我们的意见，反而更要争取长期和别人互相交谈的机会，通过心平气和的讨论，逐渐把正确的理念传播到朋友们的心中、脑中。

逼迫别人认错往往适得其反

客观地说，每个人都难免会犯下这样或那样的错误，但人的心理本能是不愿意承认错误的，因为这毕竟是件不愉快的事情，会伤面子，脸上挂不住，况且还有可能要去承担某种因此带来的责任。

正因为如此，逼迫别人认错是一种很不明智的做法，这样不但不容易让对方改正错误，相反还因为伤了别人的面子，让对方对自己产生抵触情绪。

一般来说，一个人一旦发觉自己的错误所在，他就会自动地加以纠正。但是如果被人不客气地当众指出来，他就要尽力去掩饰，尽力去否认，尽力去争执。因此，为了避免使他情绪激动，我们就不应直接批评他的错误，不必逼他当着众人的面说“我错了”，或者“我全错了”。有的人一看到别人犯了一点错误，就把它死盯住不放，还加以宣扬，自鸣得意地让对方为难，这是一种幼稚的举动，是一种幸灾乐祸的态度，不是一种对人友好、与人为善的做法。

与别人争辩，实际上也是在设法证明别人是错的，也等于是在逼着别人认错。既然乐意认错的人如此之少，我们在日常生活中就应少和别人争辩。

英国前首相撒切尔夫人的做法是把面临争辩的事情暂且搁下。不要小看这拖延的措施，它可以产生意想不到的功效，那是让别人有机会去反省自己的错误。大多数人在事情未能解决时，总要自己花点时间来想一想，如果错误确属自己，那么下一次就要有所纠正，即使他口头没有承认错误。

某大公司下面有很多代理商，它们常常写信向公司的总经理投诉种种有关代理商与代理商之间的待遇不公平的事，要求公司方面解释。这位总经理的应付方法是把信塞进一个写着“待办”字样的文件柜中。他说：“这些信应该立刻予以答复，但我想到，如果答复就等于和他争辩，争辩的结果不外是对人说‘你错了’，这样不如索性暂时不理。”

事情的最后归结如何？他说：“我每隔一段时间把这些‘待办’的信拿出来看看，又放回文件柜中，其中大部分的信在我第二次拿来看时，信里所谈的问题都已成为过去或已无须答辩了。”

你逼迫别人认了错，可能会得到一时之快，殊不知，这种违背他内心意愿的做法不仅激起了他的逆反心理，使事情的错误得不到及时的解决，还会在他心中积下怨恨。如果这种事发生多了，你应该明白“怨恨”会转化成什么。

不得已时的批评要注意方法

虽然说在生活中我们尽量不要批评指责别人，但有些情况下，批评也是必需的。比如，你是一个组织的领导，下属犯了错误，你就有必要对其进行批评教育。也许主观上你并不想批评任何一个人，但对一个组织来说，奖罚分明也是客观要求。在这种不得已的情况下，如何去批评下属呢？

（1）批评贵有别

在批评的过程中，不同的人由于经历、文化程度、性格特征、年龄等的不同，接受批评的能力和方式也有很大的区别。同时，由于性格和修养上的不同，不同的人对同一批评也会产生不同的心理反应。因此，管理者在批评时就要根据被批评者的不同特点采取不同的批评方式，切忌批评方法单一，死搬教条。

一般来说，对于自尊心较强而缺点、错误又较多的人，应采取渐进式批评。由浅入深，一步一步地指出被批评者的缺点和错误，从而让被批评者从思想上逐步适应，逐渐地提高认识。不要一下子将被批评者的缺点“和盘托出”，使其背上沉重的思想包袱，反而达不到预期的目的。

对于性格内向、善于思考、各方面都比较成熟的人，应采取发问式批评。将批评的内容通过提问的方式传递给被批评者，可以使被批评者在回答问题的过程中思索、认识自身的缺点和错误。

对于性格开朗、乐于接受批评的人，则要采取直接式批评。管理者可以开门见山、一针见血地指出被批评者的缺点错误。这样做，被批评者不但不会感到突然和言辞激烈，反而会认为你有诚意、直率，真心帮助他进步，因而乐意接受批评。

总之，批评要根据对象的不同特点采取不同的方法，从而有效地达到批评的目的。

（2）批评贵有度

人们常说“凡事得有度”，可见，做什么事情都得掌握一个度，要有“分寸”。在批评中也一样，“过”与“不及”都是应当避免的，要力争做到恰到好处，从而更好地达到使人奋发向上的目的。那么如何才能做到恰到好处呢？

①要在批评前告诫自己，批评的目的不是针对人而是要通过批

评来帮助下属改正错误，进而使他奋发向上；要告诫自己只要达到了这个目的就不要再刻意去责备下属，只要下属认识到了自己的错误，诚心地表示要吸取教训，并提出了改进方案，批评的效果就已经达到了，这时就不应该再批评，而应该多鼓励。

②充分认识到与下属的关系是一种合作的、同志间的关系，认清彼此间并不存在根本的矛盾。批评的目的是要把问题谈透，而不是把下属批臭。管理者在批评中应该表现出一定的大家风范和君子气派，切不可小肚鸡肠、斤斤计较，必要时还可以适当选用具有一定模糊性的语言，暂为权宜之策。

③下属所犯的错误，虽然不是一种根本对立的矛盾，但毕竟是犯了错误，需要的是批评而不是褒奖。如果批评时语言没有分量，嘻嘻哈哈不了了之，就会失去批评的意义，从而使得错误在组织中形成一种不良的影响，得不到有效的控制。应本着惩前毖后的原则，既要维护制度的威严，又不能放弃原则，以免赏罚不明、纪律松弛。

④要仔细分析下属犯错误的原因和程度的轻重，给予不同程度的批评，切忌等量齐观、“一视同仁”、各打五十大板，其结果是使被批评者心理上产生一种愤愤不平之感，引来一些不必要的麻烦。应当该轻则轻，不能揪着辫子不放；该重则重，切莫姑息迁就。

总的来说，适度批评就是要实事求是地分析员工的错误，根据不同情况采取适当的批评，做到批评能“适可而止”。

（3）批评贵有情

正如上文所言，管理者的批评实质上就是帮助员工认识错误，并协助其改正错误。因此，诚意和关爱在这种帮助过程中起着极其重要的作用，毕竟人们不需要虚情假意的帮助。

这里说的诚意就是指批评的形式、手段、方法要光明磊落，态度十分诚恳、友好。比如将心比心，不让对方下不了台，不把责任推给别人，不提老账，诚实做人，体谅下属的难处等。

爱心就是指批评的目的完全在于爱护下属、提高下属的素质，不掺一点儿私心杂念。诚意和爱心是下属极为重视的，能感受到来自管理者的诚意和关爱，下属也就更为乐意地接受批评，进而认真地去认识和改正错误。

因此，管理者在批评时应采取一种“有情”的批评，多从下属的角度去考虑问题，对下属动之以情、晓之以理；不要一味地采取粗暴的方式批评，而是要客观地评价下属的过错，热心地帮助他们分析错误的原因，以宽容的态度鼓励他们勇于面对错误，使他们感受到你的批评是一种关爱，从而激发他们主动承认错误，并努力改正错误。

三、恰当认错能挽回人心

大多数人不愿意承认自己有错，害怕因此承担责任。但实际上，主动认错的人更容易得到原谅。很多时候，事情的结果常常不在于一个人有没有犯错，而全在于这个人的态度。

拒不认错往往会受到重罚

喜欢赞美、厌恶批评指责是人之常情。面对赞美，我们往往笑容可掬，显得颇有风度，而一旦真的要面对批评或指责，可就是千人千态了：有的人一听到批评，就面红耳赤，忐忑不安；有的人暴跳如雷，恼羞成怒；有的人咬牙切齿，仇恨满胸；有的人虚心接受，就是不改；有的人表面接受，心里怨恨，寻衅回击。其实，这些负面回应批评的态度，都是极不明智的表现。

温凯从最基层做起，一步一步向上晋升，最后成为一家建筑公司的工程估价部主任，专门估算各项工程所需的价款。

有一次，他的一项结算被一个核算员发现估算错了 13000 元。老板把他找来，指出他算错的地方，请他拿回去更正，并希望他以后在工作中细心一点。没想到温凯既不肯认错，也不愿接受批评，反而大发牢骚，说那个核算员没有权力复核自己的估算，没有权力越级报告。

老板问他："那么你的错误是确实存在的，是不是？"温凯说："是的。"

老板见他既不肯接受批评，又认识不到自己的错误，本想发作一番，但因念他平时工作成绩不错，碍于情面，就原谅了他，只是叫他以后注意，事情就算过去了。

不久，温凯又有一个估算项目被老板查出了错误。老板把他找来想谈谈这件事，可刚一开口，温凯却很生气，认为是老板故意和他过不去："不用多说了，我知道你还因为上次那件事记在心里，现在特地请了专家查我的错误，借机报复。但这次我肯定没错。"

老板根本没想到温凯会死不认错，还随便怀疑自己，便让温凯自己去请专家来帮他核算一下。温凯请别的专家核算后才发现自己确实错了。

这时温凯无话可说了，老板对温凯说："现在我只好请你另谋高就了，我们不能让一个不许大家指出他的错误，不肯接受别人批评的人来损害我们公司的利益。"

本来，温凯所犯的错误本身也许不至于被炒鱿鱼，之所以后来受到了重罚，就在于他拒不认错的态度。

一个人的风度如何，并不体现在其身处顺境、面对赞赏的时候，而是体现在其身处逆境、面对批评的时候。那些事业成功的人，都是虚心接受别人批评、笑对别人批评的人。

缺点和错误是一个人成功的大敌，而批评的作用，就在于指出缺点，就在于引起你的警觉。如果不能善待别人的批评，你的缺点错误就永远无法改正。一个人要想成功，就要把批评当镜子，用这面镜子照照自己，看自己到底存在哪方面的问题，并加以改正。同时，虚心接受别人的批评，往往还可以赢得别人的好感和尊重，这对你事业的成功不无好处。

低头认错远胜过抬头辩解

常言道："智者千虑，必有一失。"一个人再聪明，再能干，也总有失败犯错误的时候。人犯了错误往往有两种态度：一种是拒不认错，找借口辩解推托；另一种是坦诚承认错误，勇于改正，并找到解决的途径。

两种反应各有利弊得失，具体分析如下。

第一种反应的好处是不用承担错误的后果，即使承担，也因为把其他人拖下水而分担了责任。这就是为什么有的人明明证据摆在眼前却死不认错。此外，如果躲得过，也可避免别人对你的形象及能力的怀疑。

可是，这种死不认错的做法并不是一种上策，因为死不认错的坏处比好处多得多。

如果你犯的是大错，那么此错可能有很多人知道，你的狡辩只是“此地无银三百两”，让人对你心生嫌恶罢了。如果所犯之错证据确凿，你虽然具有一流的狡辩功夫，但还是逃不掉责任，那又何苦去狡辩呢？如果你所犯的只是小错，用狡辩去换取别人对你的嫌恶，那更划不来！

姑且不论犯错所需承担的责任，不认错和狡辩也有损于自己的形象。不管你口才多么好，又多么狡猾，如果你逃避错误，他人就会认为你“敢做不敢当”“没气度”等。于是，老板不敢信任你，朋友也“怕”你三分，同事们更因怕你哪天又犯了错，把责任推得一干二净，于是抵制你，拒绝与你合作。而最重要的是，不敢承认错误会成为一种习惯，也使自己丧失面对错误、解决问题和培养解决问题的能力的机会。

那么第二种情形呢？可能有人会说，如果诚实认错，那不是要立即付出代价，独吞苦果吗？有时候的确会如此，人们会当场责罚犯错者，但绝大多数人都会“高抬贵手”——既然人家都认错了，还要怎么样？所以，在现实情况下，认错的后果并不像想象的那么严重：一认错就会受罚。

另外，低头认错还有一些间接的好处，例如：

首先，能为自己塑造一种“勇于承担责任”的公众形象——无论老板、同事还是亲朋好友，他们都会欣赏、接受你的这种做法，因为你把责任扛了下来，不诿过于他们，他们感到放心，自然尊敬你，也乐意跟你合作，更乐于替你传播你的形象，这可是你的无形资产！

其次，能以此磨炼自己面对错误的勇气和解决问题的能力——你不可能一辈子都没有缺点，而且其他人也做不到这一点，趁早培养这种能力，对你的未来大有好处。

最后，如果真的因为认错而招来责骂，那正好可以为你塑造一个弱者的形象——弱者往往会引起他人的同情，也能招来他人的帮助，你会因此而获得不少人心。此外，大部分人在骂过人之后，都会不忍心，就算要处罚你，也不会下手太重。人同此心，心同此理。

由此看来，犯错之后的结果，关键在于你的态度，低头认错比抬头辩解要划算得多。人非圣贤，孰能无过？既然无法确保不犯错，那么诚实地认错才是上上之策。只要你坦率承担责任，并尽力去想办法补救，你仍然可以立于不败之地。

在别人指责前坦诚认错

美国心理学家卡耐基常常带一只叫雷斯的小猎狗到公园散步。他们在公园里很少碰到人，再加上这条狗友善而不伤人，所以，他常常不给雷斯系狗链或戴口罩。

有一天，他们在公园遇见一位骑马的警察。警察严厉地说：

“你为什么让你的狗跑来跑去而不给它系上链子或戴上口罩？

你难道不知道这是犯法吗？”

“是的，我知道。”卡耐基低声地说，“不过，我并不认为它会在这儿咬人。”

“你不认为，你不认为！法律是不管你怎么认为的。它可能在这里咬死松鼠，或咬伤小孩。这次我不追究，假如下次再被我碰上，你就必须跟法官解释了。”

可是，他的雷斯不喜欢戴口罩，他也不喜欢它那样。一天下午，他和雷斯正在一座小山坡上赛跑，突然，他看见执法大人正骑在一匹红棕色的马上。

卡耐基想，这下栽了！他决定不等警察开口就先发制人。他说：

“先生，这下你当场逮到我了。我有罪。你上星期警告过我，若是再带小狗出来而不替它戴口罩，你就要罚我。”

“好说，好说，”警察回答的声调很柔和，“我知道在没人的时候，谁都忍不住要带这样的小狗出来溜达。”

“的确忍不住，”卡耐基说道，“但这是违法的。”

“哦，你大概把事情看得太严重了。”警察说，“我们这样吧，你只要让它跑过小山，到我看不到的地方，事情就算了。”

在这里，卡耐基为了免于被责，用的是“提前认错”的技巧，使警察觉得自己受到尊重，从而表现出宽容的态度。

当你认为自己可能会被人指责时，不妨先数落自己一番，当对方发觉你已承认错误时，便不好意思再指责你了。如当你有求于对方时，一开始你就说：“我这可能是无理的要求”，“我说这些话可能有点嘟囔”，或“我说的话可能是过分点”。此时，即使你说的话确实令对方感到厌烦，但对方也不会因此当面指责。如果反复使用，则会加强效果，使对方轻易听完你的要求，并接受你的要求。

另一种情况是，如果你没来得及抢在对方发作之前认错，那就在他指出你错误的时候把自己的错误说得多一些、严重一些，这样也能达到良好的效果。

设计广告图时，最要紧的是简明正确，有时不免发生些小错。有一位广告部主任，专喜欢在小地方挑毛病，客户时常是不愉快地从他的办公室走出来，不是因为他的批评，而是他攻击的地方不当。有一位自由工作者小赵于百忙中替他赶完一幅画，他打电话叫小赵去，到那儿果不出所料，他显得非常愤怒，已经准备好了要批评小赵一顿。但刚说了两句，小赵就赔着笑脸说：

“主任，你所说的话不假，一定是我错了，而且是不可原谅的。我替你画画多年，应该知道如何才对，我觉得很惭愧。”

听到小赵这样说话，那位主任却反而替小赵分辩说：

“是的，你说得对，不过这并非大错，仅仅是……”

小赵马上插嘴说：

“不论错的大小，都有很大的关系，会给别人看了不高兴。”

主任打算插嘴说话，但小赵却不容他说。小赵继续说道：

“我实在应该小心，你给我的工作很多，你理应得到满意的东西，所以我想把这幅画重新画一张。”

“不！不！”主任坚决地说，“我不打算太麻烦你。”

他夸奖小赵所作的画，说只需稍加修改就可以了，而且这一点小错，也不会使公司受损失，仅是一点小节，不必太过虑了。

试想，如果小赵换一种说法，尽力为自己辩解，那会怎样？即使他很诚恳地接受主任的批评，可能也难免真的需要重新画一张。但小赵把自己的错误说得又多又严重，不仅使主任的怒气全消了，最后还邀小赵一起吃点心，在告别之前，他开给小赵一张支票，并又委托小赵画另一幅新的广告。

所以，只要无关大局的事情，以指责自己的话堵住对方的嘴，这样他会主动伸出双手把你低下的头抬起来。

日常致歉的5个注意事项

在日常生活中，有时我们有了过失，自己也有认错的愿望，却迟迟没有道歉，是因为怕碰钉子，觉得碰了钉子就更没面子了。

这种令人难堪的可能性是有的，但我们不能因此而拒绝道歉。大多数人面对真心道歉是乐于接受的，因为原谅别人可以祛除心里的怨恨。怨恨积压在心里是会损伤心灵的，有谁愿意反复蒙受痛苦和愤怨的折磨呢？因此我们要认识到，道歉是一门安抚自己、避免对方受到更大创伤的生活艺术。要想使道歉能够达到目的，应注意以下几点。

（1）给予对方真诚的赞扬和真心评价

切记：道歉并非耻辱，而是真挚和诚恳的表现。伟人也有道歉的时候。丘吉尔起初对杜鲁门的印象很坏，但后来他告诉杜鲁门，说自己以前低估了他，这是以赞誉方式做出的道歉。

（2）要态度真诚、语气恳切

很多时候，别人对你的感觉并不在于你说了什么，而在于你说话时表现出来的态度。

（3）用自诉难题方法道歉

当错误已经酿成时，我们首先要坦率承认，真诚道歉，使对方的怒气渐渐平息下来，然后再从主客观方面出发，向对方分析自己失误的原因，诉说自己的难处。只要你不是故意行为，一般情况下，对方都会理解你的苦衷，谅解你的过失。

（4）如果你觉得道歉的话说不出口，可以用别的方式代替

比如夫妻吵架后，一束鲜花能令前嫌尽释；把一件小礼物放在餐桌旁或枕头底下，可以表明悔意，以示爱念不渝；触摸也可传情达意，千万不要低估“尽在不言中”之妙。

道歉的方式对于道歉的效果有着很大的影响。“负荆请罪”之所以传颂至今，让人牢记，是因为廉颇以赤膊负荆的独特形式登门谢罪，使蔺相如欣然释怀。所以，以巧妙活泼的形式道歉，不仅可以避免道歉时的生硬、尴尬，更重要的是能使对方乐于接受，尽释前嫌。如果道歉的方式呆板、僵化，会显得没有诚意，也会令你在道歉中的表现不得体，所以在道歉时要稍稍地费些心思，讲究一点道歉的技巧。这样，对方就会自然而然地接受你的道歉，与你“一笑泯恩仇”。

常见的道歉方式有：当面口头道歉；预约面谈道歉；电话道歉；书信道歉；拜望道歉；托他人转达道歉等等。无论你采用什么样的道歉方式，一定要根据自己与对方熟悉的程度和歉意的程度认真选择。一般的人当面口头道歉为宜，如果是赔偿性的道歉，可选用到对方家中或单位拜望道歉的方式。

许多时候，人际关系调节的关键只在于人们说话做事时的姿态。一般来说，只在行为上表现诚意，嘴里没有说道歉的字眼，仍

能被当成诚意道歉；反过来说，即使口里说抱歉，而听在对方耳里却并没感到诚意，说了也等于白说。“对不起”三个字若说得隆声怪调，则暗示着对方的抱怨是无的放矢，或是小题大做了。

（5）如果没有错，就不要轻易“认错”

过于软弱的做法，对任何人都没有好处。要分辨清楚“深感遗憾”与“必须道歉”的区别。比如你是领导，某一下属不称职，势必予以革职。你会觉得遗憾，但没有必要为此道歉。

第五章

让说出的话
立场鲜明、掷地有声

一、学会拒绝能减少很多麻烦

不要随便应承为别人做事

在日常生活中，亲友、同事或上司经常会委托你做某事，这时请你一定不要不假思索地满口应承。就算感到磨不开面子，至少也要冷静一分钟，在大脑中转一个圈子，想一想自己能不能办得到这件事，而且办得好。把自己的能力与事情的难易程度以及客观条件是否具备结合起来统筹考虑，然后再做决定。

如果为了一时的情面接受自己根本无法做到或无法做好的事情，一旦失败了，亲友、同事、上司就不会考虑到你当初的热忱，只会以这次失败的结果来评价你。

我们说要拒绝别人，并不是一味反对帮助别人，只是说不要对人家的一切要求都毫无条件地答应。首先，自己必须得考虑对方提出的要求是否合理，是否影响到别人或自己的利益。

许多事并不是你想做就能做到的。有时受各种条件、能力的限制，一些事很可能是完不成的。因此当别人提出让你办某事的要求时，你首先得考虑，这事你是否有能力办成，如果办不成，你就得老老实实地说，我不行。这时，如果随便夸下海口或碍于情面不好意思拒绝，都是非常有害的。

我们知道，言而有信是做人的基本信条，也是做人的基本原则。明明办不成的事却承诺下来，到时候不仅令人失望，还可能耽误别人的事情。因为如果你办不成，他可能找别人办或另想其他的法子，但你答应了却没有办成，这样做，别人能不怪你吗?

张某是一个热心人，然而人缘却极差，这都是由于他随便应承为别人做事引起的。每一个人刚和他认识时，都觉得他既热情又大方，人品很不错，可是和他相处一段时间后就发现，这个人原来是“支票机”，他做出的承诺极少有兑现的。比如有一次，他的朋友全家要在“十一”去张家口玩，由于担心到时候人太多订不到机票，又听说张某有朋友在机场工作，就找到张某说:“听说您在机场有朋友，您看能不能帮我买几张票。实在不行我就想办法买高价票。”张某虽然心里没把握，但又觉得不答应显得双方都没面子，于是一拍胸脯:“订什么高价票啊！你跟我说一声不就行了，我同学在机场上班，我让他给你们留几张，不过由于那时候机票紧张，能不能打折我就不知道了！”朋友高兴得不得了，连忙说:“哪儿还指望打折呀！能按正常票价买到，我们就很高兴了！而且又不需要我再去跑，在家等着就行了！那这事儿就麻烦你了，回来以后我请你吃饭！”张某满口答应着走了。“十一”马上就到了，朋友给张某打电话问票的事儿，张某这可有点着急了，因为这个阶段的机票确实很紧张，虽然费了不少周折，但最终还是没能办成。于是他只能含含糊糊地说:“啊，这事儿呀！我忘了告诉你了，我帮你问了，可我那同学说不好留票，还是让你们自己买吧！”朋友一听，差点没气晕过去，马上就是“十一”，这还上哪儿订票去？结果朋友一家哪儿也没去，就在家里过了个黄金周。这样的事多了，朋友们也就看透了张某的为人，因此他们再也不相信张某，张某的人缘也就越来越差了。

张某由于总是不好意思拒绝，而且还养成了习惯，最终面子难保，可以说是害人害己。

如果你认为别人拜托你的事不好拒绝，或者害怕因拒绝会引起对方不高兴而勉强接受下来，那么，此后你的处境就会更艰难。所以，无论做什么，都要量体裁衣，自己感到难以做到的事，要勇敢地鼓起勇气，说声：“对不起，我实在无能为力，您是否可以另找别人？”或者“实在抱歉，我水平有限，只能让您失望了。我想，如果我硬撑着答应，将来误了事，那才对不起您呢！”否则，将来丢脸的肯定是你。

在这个世界上，我们毕竟不能独来独往，做自己的事情时，有时要涉及别人的利益。因此，我们在说话做事的过程中，必须全盘衡量，把握分寸，协调好各方面的利害关系。

有些事情不该答应时就不能应承，一旦答应了，就不得不做，而那些事可能违法、违情、违理，使自己或别人遭受名誉、经济或地位的损害。当有人托你办风险很大的事时，你也决不能贪图一时之利，不负责任地答应他，纵容他，一定要慎重考虑可能引起的后果。如果有人想整治别人，编造假的事实，求你出面做伪证，或者有人想让你同他一起干违法乱纪的勾当，如果你不想与其同流合污，就应有勇气拒绝这类对自己不利的要求。

另外，有人请你代其完成工作时，如你的同事把自己分内的工作往你身上推，此类情况，都应拒绝。每一个人都有自己的责任和义务，既然承担了某种社会责任或契约，就应该践约。

拒绝别人的6种方法

正如上文所言，拒绝别人的要求是件不容易的事。日本的一位教授说："央求人固然是一件难事，而当别人央求你，你又不得不拒绝的时候，也是叫人头痛万分的。因为每一个人都有自尊心，希望得到别人的重视，同时我们也不希望别人不愉快，因而也就难以说出拒绝之话了。"

拒绝并不是简单地说一句"那不行"，而是要讲究艺术：既拒绝了对方的不适当要求，又不致伤害对方的自尊，也不损害彼此的关系。那么如何才能做到这一点呢？在此，为你提供了一些既能拒绝对方又不致得罪对方的几种有效方法。

（1）诚实地说出自己的难处

先不用急着拒绝对方，而应尊重对方的愿望，从头到尾认真听完对方的请求，先说一些关心、同情的话，然后再讲清实际情况，说明无法接受要求的理由。由于先说了一些让人听了产生共鸣的话，对方才能相信你所陈述的情况是真实的，相信你的拒绝是出于无奈，因而也能够理解你。

例如有个朋友想请长假外出经商，找到某医院医生，想让对方出具一份假的肝炎病历和报告单。对此作假行为医院早已多次明令禁止，一经查实要严肃处理。于是该医生就婉转地把他的难处讲给朋友听，最后朋友说："我一时没想那么多，经你这么一说，我也觉得这个办法不行。"

这样的拒绝，既不会影响朋友间的感情，又能体现出你的善意和坦诚。

（2）留有余地

对把握性不大的事可采取弹性的说法。如果你对情况把握不很大，就应把话说得灵活一点，使之有伸缩的余地。例如，使用“尽力而为”“尽最大努力”“尽可能”等灵活性较大的字眼。这种方式能给自己留下一定的回旋余地，但一般会给对方留下疑虑，取得对方信任的效果要差一些。

（3）从时间上推托

对时间跨度较大的事情，可采取延缓性的策略。有些事情，当时的情况认准了，可是由于时间长了，情况就会发生变化。

魏晋时，天下多事，以致名士们也少有保全自己而不受损害的。阮籍是竹林七贤之一，他常常酗酒，拒不出仕。司马昭为收买名士，要阮籍把女儿嫁给自己的儿子。别人也许很可能想尝尝当国丈的滋味。但阮籍不想为了一时尊荣，留下千秋骂名，因为司马家族的篡逆丑行人神共怒。

不过，要明确拒绝司马昭，立即就有杀身之祸。按通常思维，阮籍要么选择当下富贵和后世垢名，像钟会；要么选择身盖黄土和名垂青史，像嵇康。

这两种人阮籍都不想当。他不在这两者中做选择，而是采取了拖延策略：天天在家饮酒不朝，连续醉了60多天。60多天后，连司马昭都忘了这事了。这真是：“天下事左难右难，何妨一拖了之。”

（4）提出必要的条件

对不是自己所能独立解决的问题，应采取隐含前提条件的办法。也就是说，如果你所作的承诺，不能自己单独完成，还要谋求别人的帮助，那么你在说话时可带一定的限制词语。

比如，朋友托你帮忙办理家属落户的问题，这涉及公安部门和国家有关政策，你不妨这样说更恰当一点：“如果以后公安部门办理农转非户口，而且你的条件又符合有关政策，我一定帮忙。”这里就用“公安部门办理”和“符合有关政策”对你的话的内容做了必要的限制，既见自己的诚意，又话语灵活，具有分寸，还向对方暗示了自己的难处。可谓一石三鸟！

（5）以幽默应对

你还可以幽默轻松、委婉含蓄地表明自己的立场，拒绝对方，那样既可以达到拒绝的目的，又可以使双方摆脱尴尬处境，活跃融洽气氛。

美国总统富兰克林·罗斯福在就任总统之前，曾在海军部担任要职。有一次，他的一位好朋友向他打听在加勒比海一个小岛上建立潜艇基地的计划。罗斯福神秘地向四周看了看，压低声音问道：“你能保密吗？”“当然能”。“那么，”罗斯福微笑地看着他，“我也能。”

富兰克林·罗斯福用轻松幽默的语言委婉含蓄地拒绝了对方，在朋友面前既坚持了不能泄露的原则立场，又没有使朋友陷入难堪，取得了极好的语言交际效果，以至于在罗斯福死后多年，这位朋友还能愉快地谈及这段总统逸事。相反，如果罗斯福表情严肃、义正词严地加以拒绝，甚至心怀疑虑，认真盘问对方为什么打听这个，有什么目的，受谁指使，岂不是小题大做、有煞风景？其结果必然是两人之间的友情出现裂痕甚至危机。

（6）向对方哭穷

如果你的经济还算宽裕，可能就会时不时遇到朋友找你借钱的事情，然而你并不是银行家，很多时候你的手头也很拮据，这时你该怎么办呢？

如果有人对你说“我急需一笔钱，但又没有钱”，而想跟你借钱时，你其实可以告诉对方，你正和他一样没钱。“你有困难，我也有困难，我们共同努力吧！”这招用在别人想向你借钱时，可以说十分有效。

对方想拜托你的根据通常是认为“你的情况不比他严重，所以向你寻求援助比较有可能”。此时，不仅要摧毁对方所坚持的根据，还要站在和对方相同的心理基础上，和对方进行坦诚的对话，解除对方的不满及不安感，因为如果只是以一两句话来拒绝的话，对方会觉得你有钱而不愿借给他，一旦让对方有这种感觉，对你就不利了。

拒绝别人是一门很复杂的学问，也是人际交往的必修课。当你学会不得罪人地拒绝别人时，你就已经是一个说话高手了。

如何巧妙拒绝上司的委托

上司委托自己做某事，常常让很多人为难，觉得不便拒绝，或担心自己拒绝了会使领导不悦，所以不得已而接受下来。这种因畏惧得罪上司而勉强答应的事常常是自己做不到或不想做的，答应后虽又感到懊悔，但肯定太迟了。

拒绝自己的上司有一定难度，就更要讲究方法。采用什么办法才能既拒绝了上司又使上司理解呢？这里面也是很有学问的。除了灵活运用上文我们介绍的几种方法外，还需要注意以下几种方式：

（1）触类相喻，委婉说“不”

当上司提出一件让你难以做到的事时，如果你直言答复做不到时，可能会让上司损失颜面，这时，你不妨说出一件与此类似的事情，让上司自己意识到问题的难度，从而自动放弃这个要求。

甘罗的爷爷是秦朝的宰相。有一天，甘罗看见爷爷在后花园走来走去，不停地唉声叹气。

“爷爷，您碰到什么难事了？”甘罗问。

“唉，孩子呀，大王不知听了谁的挑唆，硬要吃公鸡下的蛋，命令满朝文武想法去找，要是三天内找不到，大家都得受罚。”

“秦王太不讲理了。”甘罗气呼呼地说。他眼睛一眨，想了个主意，说：“不过，爷爷您别急，我有办法，明天我替您上朝好了。”

第二天早上，甘罗真的替爷爷上朝了。他不慌不忙地走进宫殿，向秦王施礼。

秦王很不高兴，说：“小娃娃到这里捣什么乱！你爷爷呢？”

甘罗说：“大王，我爷爷今天来不了啦。他正在家生孩子呢，托我替他上朝来了。”

秦王听了哈哈大笑：“你这孩子，怎么胡言乱语！男人家哪能生孩子？”

甘罗说：“既然大王知道男人不能生孩子，那么公鸡怎么能下蛋呢？”

甘罗作为一个孩童，能如此得体地拒绝秦王，并让秦王不得不放弃自己的无理请求，实在是大出人们的预料。也正因为如此，秦王才有“孺子之智，大于其身”的叹服。以后，秦王又封甘罗为上卿。现在我们俗传甘罗12岁为丞相，童年便取高位，不能不说正是甘罗的那次智慧的拒绝，才使秦王越来越看重他的。

（2）佯装尽力，不了了之

当上司提出某种要求而属下又无法满足时，设法造成属下已尽全力的错觉，让上司自动放弃其要求，这也是一种好方法。

比如，你的上司提出让你托关系帮他的一个亲戚找工作，就不妨这样去做：

立即请上司的亲戚写份简历交给你，内容包括毕业于哪所学校、所学专业、本人志趣和特长、思想表现等。这样上司就亲眼看到了你想帮他忙的事实。

同时你可以坦率诚恳地说："你的事就是我的事，我会尽力而为的。明天我马上拿你的简历去找熟人……过几天给你消息好吗？"

几天后，你应该在上司还没有问之前告诉他："这几天我一直为你的事活动，东门那个单位可能没有什么希望，南门那个单位却说要研究研究。"

再过两三天，你主动找到他："真对不起，你托的事目前都已落空了，我通过所有我熟识的人，但却……真没办法，等以后有机会再说吧。"

尽管你根本没去找那些熟人，但对方还是会感谢你。

通常情况下，人们对自己提出的要求，总是念念不忘。但如果长时间得不到回音，就会认为对方不重视自己的问题，反感、不满由此而生。相反，即使不能满足上司的要求，只要能做出些样子，对方就不会抱怨，甚至会对你心存感激，主动撤回让你为难的要求。

（3）利用集体掩饰自己说“不”

例如，你被上司要求做某一件事时，其实很想拒绝，可是又说不出来，这时候，你不妨拜托其他两位同事和你一起到上司那里去，这并非所谓的三人战术，而是依靠集体替你做掩护来说“不”。

首先，商量好谁是赞成的那一方，谁是反对的那一方，然后在上司面前争论。争论过一会儿后，你再出面轻轻地说“原来如此，那可能太牵强了”，并靠向反对的那一方。

这样一来，你可以不必直接向上司说“不”，就能表明自己的态度。这种方法会给人“你们是经过激烈讨论后，绞尽脑汁才下结论”的印象，而包含上司在内的全体人士，都不会有哪一方受到伤害的感觉，从而上司会很自然地自动放弃对你的命令。

拒绝他人求爱的 8 个技巧

每个人都有爱与被爱的权利，如果对方请人转告或是暗示，希望与你建立恋爱关系，而你的心里对此人并不满意，那就当然要拒绝他（她）。

但是，拒绝的语言要恰当，要委婉，既要把自己的意思表达清楚，让对方没有心存幻想的余地，又不要太不近人情。尤其是对身边的同事或同学，拒绝对方的求爱更应该注意。若你不加考虑生硬地说“不”，或许若干年以后，你会后悔当初辞掉的除了爱情还有你并不应该辞去的友情。

有位漂亮的姑娘突然接到一封情书，一看，是单位里很不出色的小邓写的，“癞蛤蟆想吃天鹅肉”，一气之下她把情书贴到饭堂。

你可以想象出后果怎样。曾被羞得无地自容的小邓四年后终于找到称心的伴侣，而漂亮姑娘还是孤零零一个人，原来想追求她的人都被吓跑了。所以提醒一下，假如求爱者与你条件相差较远，更要注意委婉，不然对人对己都不利。

如何巧妙地向他（她）说“不”呢？

（1）用拖延说“不”

一位男士约你跳舞，你若不愿前往，可以这样回答：“以后吧，有时间我会约你的。”当然，以后你不会当真去约他，除非你对他的态度有所转变。

（2）用反诘说“不”

如果某位男士问你：“你喜欢和我交往吗？”你根本就不想和他交往，但又不想伤害他，就可以反诘一句：“你认为呢？”或者说：“或许你是对的。”这样他自然也就明白了你的心意。

（3）客气地说“不”

某位姑娘送礼物给你，你如果不喜欢她，不愿随便收下，就可以客气地回绝。既可表示你受宠若惊，不敢领情，又可借机强调它还有其他的用场。

（4）用推托说“不”

某位男士征求你对他的看法，你可以这么说：“我觉得你是一个挺不错的人，不过我不喜欢你的性格，真遗憾。”

（5）用回避说“不”

当对方对你试探时，你可以有意回避，借此表明你的态度。下面这些语句都可以帮你把话题引开：“今晚月色挺不错的。”“这里风光多棒啊。”

（6）用另一种选择说“不”

如果对方以一个爱情故事试探你，你可以回答他说：“我喜欢另一个非爱情故事……”

（7）用“抽象法”说“不”

如果对方态度相当认真，要一本正经地跟对方讲道理，问题很难得到解决，而要正面说出拒绝对方的理由，又势必伤害对方的感情。这时不妨将一些具体的问题，故意提高到抽象的一般性问题上去，对方就容易被迷迷糊糊地拒绝了。请看下面这个例子：

“被你求婚，我真高兴。不过，我认为我们不能过于沉醉在感情之中。”

“不，我很冷静。”

“我不是这个意思。我想好好地和你交流一下你我对结婚的看法。”

“很好呀！”

“结婚到底是怎么一回事呢？”

先将对方引入抽象的领域，以后再将这领域不断扩大。“对男女的结合来说，结婚是不是理想的形态？”“究竟男人和女人是什么呢？”

（8）用外交辞令说“不”

如果你实在不好表达你的拒绝态度，还可以用外交辞令搪塞，如“无可奉告”，“事实会告诉你的”等。

若以上的都不成，最后你可以说：“我已心有所属了。”

某医院的护士小刘长得文静而机灵，大家都很喜欢她。这天下班后，同科室刚从医学院分配来的郑医师对她说：“小刘，一同去吃饭好吗？我想跟你说一件很重要的事。”

小刘一听，心里便明白了“重要”的含义。于是她笑着说：“好哇！我正好要找你帮个忙。”

郑医师一听高兴极了，放松了心情说：“行，只要是帮你的忙，我一定两肋插刀。”

小刘又笑了：“可没那么严重。只不过是男朋友脸上生了几个痘痘，我想问你用什么药比较好？”

像这样的拒绝方法，通常情况下都很有效。

二、学会适时适度反击

做老实人、说老实话，本来应该是一条为人处世的准则，但若老实忍让得过了头，一味地忍气吞声，就等于迁就纵容别人不适当的言行。所以，面对别人的无礼攻击和嘲笑挖苦，我们一定要学会适当地反击，维护自己的利益和尊严。

善良，但不要太软弱

与人交往不要太软太善。别人欺负你，你如果毫不反抗，他就会一直欺负你。适当时候在人前稍显勇气，是不可忽略的交际之智。做人不要成为受气包，一旦忍无可忍就应果断地反击。

在我们身边的环境里到处都有受气者，他们看起来软弱可欺，最终也必然为人所欺。一个人表面上的软弱会在事实上助长和纵容别人侵犯的欲望。

不敢进行第一次反抗，就不会有第二次反抗的发生，这样你就永远不知道新世界的滋味有多么好。而有了第一次的反抗，尝到了其中的美妙，你自然就有动力去进行更多次的反抗。久而久之，你就会修正你的心理模式和社会交往方式，由一个甘心受气、只能受气的人，变成一个不愿受气的人。

不想被人欺，就要适度武装自己；不去攻击别人，但有必要保护自己。俗话说，“人善被人欺，马善被人骑”。“马善”是指马十分温驯，而“人善”所指的除了温驯，没有反抗性格之外，还包括过于热忱、善良、厚道、心软、服从、软弱、畏缩及缺乏主见等。

有这样一则故事，对我们就很有启发：某大学一个班级里，有一位学生比较胆小怕事，遇事过分忍让，因此，虽然班里的绝大多数同学对他并无恶意，但在不知不觉中总是把他当作一个理所当然地应该牺牲个人利益的人，看电影时他的票被别人拿走，春游时他负责背行李……但在实际上，他心里非常渴望与别人一样，得到属于自己的那份利益与欢乐。由于他的软弱和极度的忍耐，这种事情一直持续了很久。但终于有一天，他忍无可忍了，一向木讷的他来了个总爆发。原来，一场十分精彩的演出又没有他的票。他脸色铁青，激动的声音使所有人都惊呆了。虽然那场演出的票很少，但是这位同学还是在众目睽睽之下拿走了两张票，摔门而去。大家在惊讶之余似乎也领悟到了什么。但不管怎么说，在后来的日子里，大家对他的态度似乎好多了，再没有人敢未经他的同意便轻易地拿走他的东西了。

当你受到不公平的待遇时，要有勇气抗议，但这种抗议必须有气势，虽然不必得理不饶人，但也要充分表达你的立场。一般喜欢捏软柿子的人，心都是虚的（因为他不敢去欺负“坏人”），因此，你的抗议和生气会产生相当程度的效果。

总之，要想不被人欺，就要用智慧来武装自己。人必须能保护自己，就像自然界的许多小动物，它们也都有基本的自卫能力，否则，连自己是怎么受人陷害的都不知道，这怎么在社会上立足呢？

有力反驳别人的6个技巧

做同一件事，说同一个意思的话，采取不同的方法往往会有不同的效果。反驳别人也是如此，如果掌握了好的方法和技巧，也就容易把话说到点子上，达到应有的反击效果。

反驳的方法有很多，总结起来，大致有以下六种。

（1）以其人之道还治其人之身

这是一种以彼攻彼的反驳技巧。如：

有个叫比尔的人，常以愚弄他人而自得。一天早上，他坐在门口吃面包，看见杰克逊大爷骑着毛驴从远处“哼呀”“哼呀”地走了过来，于是他就喊道：“喂，吃块面包吧！”大爷出于礼貌，从驴背上跳下来说：“谢谢您的好意。我已经吃过早饭了。”比尔却一本正经地说：“我没问你呀，我问的是毛驴。”说完，很得意地一笑。

对比尔这一无礼侮辱，杰克逊大爷十分气愤，却又无法责骂这个无赖。他抓住汤姆“我和毛驴说话”这句话，以其人之道还治其人之身，狠狠地进行了反击。

只见他猛地转过身，“啪，啪”照准毛驴脸上就是两巴掌，骂道：“出门时我就问你城里有没有亲戚，你斩钉截铁地说没有，没有亲戚为什么人家会请你吃面包呢？”“叭，叭”对准驴屁股又是两鞭，说，“看你以后还敢不敢乱说？”骂完，翻身上驴，扬长而去。

（2）揭露对方的荒谬错误之处

一般是通过揭露对方论题与客观实际相背，或揭露对方论题与其自身行为不符，或揭露对方论题本身自相矛盾等方式，从而达到制服对方的目的。

有一次，一个年轻人想到爱迪生的实验室工作，爱迪生接见了他。这个年轻人满怀信心地说：“我想发明一种能溶解一切物品的万能溶液。”爱迪生听后惊奇地说：“那么，你想用什么器皿盛放这种万能溶液呢？”年轻人被问得哑口无言。

（3）主动突围

这是一种常用的反击形式，即运用与对方平行的逻辑推理，达到否定对方的目的。这种形式主要反映人的勇气和机智。

辜鸿铭在留学英国时，生活的孤独压迫着他，常有独在异乡为异客的思乡情感。每逢传统的中国节日，他总要按照古老的中国习俗，设下供桌，摆上丰盛的酒菜，遥祭祖先，寄托自己的思乡思国之情。有一次，房东太太看到辜鸿铭跪在桌前，叩头如仪，不无蔑视地问：“喂，小伙子，你这样认真地叩头，你的祖先会到这里来享用这些酒菜吗？”辜鸿铭的心大受刺激，一股怒气冒将上来，自尊心使他的愤怒和幽默同时爆发，他彬彬有礼地答道："想来，你们到处给你们祖先奉上鲜花，你的祖先该嗅到了鲜花的芳香了吧！"

（4）绵里藏针

运用这种方法，在反击时语调要平和，言辞要委婉得体，既予对方以尊重，不伤害对方的情感和体面，又巧妙地暗示自己也不是好惹的。一般情况下，对方会知趣地就此打住，顺着你留的台阶下去，彼此相安无事。

有位经理，本性好色。一日，见一位公关小姐姿色美艳，便一味令人肉麻地恭维道："小姐，你是我遇见过的最漂亮的女孩子。真是令人神魂颠倒，永远也忘不了！今晚下班后我请客，不知小姐可否赏光？"公关小姐虽然厌烦至极，但职业的本能使她必须有所克制。于是，她彬彬有礼地答道："这位先生，非常抱歉。下班后我必须去武校同一位真正永远也忘不了我的人约会。""你是说你的男朋友？在武校？"经理半信半疑地问。"是的。我们是武校时的同学。"这下可令这位经理目瞪口呆了。他怎么也想不到面前这位身材匀称的姑娘身怀武功，这就已够他应付的了，更何况还有一位武校的男朋友。公关小姐见状，意味深长地笑起来："他可是个醋坛子。这事我可不敢含糊。"连她都不敢含糊，这位武功门外汉又哪能惹得起？这位心存非分之想的经理只得干笑着退开了。这位公关小姐没有横眉冷对，也没有出言不逊，而是于淡淡的话语中暗示了自己的实力，使原本轻视她的经理顿时望而生畏。

（5）巧用幽默

调皮式的幽默，往往化干戈为玉帛，在哈哈一笑中皆大欢喜。

反击变成了逗笑，唇枪舌剑之争就巧妙躲过。因此，幽默是一种与人为善的积极反击方式。

一天，一位小伙子正要进超市大门，恰好里面一位小姐也准备出来，两人同时迈出了脚。姑娘一脚踩在小伙子鞋上，冷不防打了个趔趄，不禁“哎哟”惊叫一声。小伙子忙伸手扶住并说了一声“对不起”，让开了道，让小姐先出来。小姐出门后，看了小伙子一眼，说：“你是怎么走路的！”小伙子笑着说道：“对不起，我是用脚走路的，刚才吓着你了。”小姐一愣，随即扑哧一笑，说：“你这个人说话真逗，这不能怪你，主要是我没看见，脚也伸得快了一点，对不起，不小心踩了你。”

（6）把球踢给对方

这是谈话中运用的一个很普遍、很实用的技巧。当对方的问题很难回答，问的角度很刁，你回答肯定、否定都可能出差错时，那就不要回答，把问题再还给对方，将对方一军。

比如，有一个国王故意问阿凡提：“人人都说你聪明，不知是真是假？如果你能数清天上有多少颗星星，我就认为你聪明。”阿凡提说：“如果你能告诉我我骑的毛驴有多少根毛，我就能告诉你天上有多少颗星星。”

把握语言反击时的分寸

日常生活中，我们反击的目的是调节和改善自己所处的人际关系环境，是为解决矛盾而不是扩大矛盾。这是语言反击时必须坚持的原则。从这一原则出发，反击时必须把握分寸，否则就可能伤人害己。

所谓分寸，也就是“度”。利用语言反击时，应按照自己对环境的敏锐判断，明确自己的优势和劣势，准确把握该说什么、怎样说、说到什么程度。也就是说，应根据对语言出口后可能产生的后果的准确预测，确定自己的语言分寸。否则，语言不准确或不到位，就说不到点子上，也会使自己陷入被动尴尬的境地。

掌握语言反击的分寸，首先应具有明确的针对性，不要扩大打击面。在反击时，要抓住主要矛盾，丁就是丁，卯就是卯，而不应四面树敌，把本来可以争取的中间力量甚至朋友统统都推到与自己对立的阵营中去，使自己陷于孤立、被动地位。

比如在北京，乘坐公共汽车时，行李超过规定标准应额外买票，但刚来北京的外地人却未必了解这一规定。一位肩扛大包的外地人上车后因购买行李票同售票员争执起来。他似乎也挺有道理，责问售票员道：“我坐火车走了几千里都没因行李多而交费，单就你这公共汽车就该多交费？啥子道理！”一句话一下子把售票员已到嘴边的话给噎了回去，不知如何反驳。过了半天，她似乎自言自语道：“就这帮没素质的外地人把北京给搞乱了。”谁知，这趟从北京站开出的公共汽车上，乘客中四分之三是外地人。她这一句话如一石激起千层浪，乘客们纷纷质问售票员：“我们这些外地人难道都没买票？难道都不讲道理？这位老乡初来北京，是他不了解北京的规矩还是他故意蛮横无理？”这位售票员依照规章制度认真履行工作职责本没有什么过错，开始时她完全受大家支持，但她因反击时语言的分寸没有把握好，使自己一步跨入了困境当中。这是我们在进行语言反击时应吸取的教训。所以，语言反击应三思而后说，话语出口之前先掂量。否则，话语出口如覆水难收，自己会更加受气。

其次，应控制打击的力度，不要一棍子把人打死，一句话把人噎死。在大多数情况下，反击时应为对方留一点余地，掌握打击的分寸。因为大多数人都爱面子，给对方留有余地，实质上是为缓和彼此间的冲突留下了回旋的空间，也为自己留了一步台阶。否则，你把他逼进了死胡同，他别无选择，只能与你对垒。结果，双方剑拔弩张，到头来两败俱伤。这并不是我们反击的目的。

然而，在生活中许多人并不能深刻理解这一道理，以为反击得越狠越好，实际并非如此。

阿伟暗恋上了佳佳，但佳佳心有他属，并不为他所动。终于到了佳佳的生日了，阿伟决定在生日派对上“火”一把。在摇曳的生日烛光里，阿伟动情地唱起了“爱，爱，爱不完……”佳佳感觉阿伟在大庭广众之下令自己很难堪，但她只淡淡笑了笑，以舒缓的语调说：“看不出阿伟平时不声不响，原来歌喉如此优美。我们该为将来那位有幸拥有他深情歌声的小姐祝福。”一句话，似是赞美，又似拒绝，于无声处给了阿伟当头一棒，但不知情者不会有任何觉察。这既给阿伟留足了面子，又使自己轻松摆脱难堪。

以上这两个方面，可概括为一句话：只有把握语言反击的广度和深度，才能保证语言反击的分寸，有效地达到反击的目的。

三、如何在谈判中占得先机

谈判既是维护原则又是相互妥协。在这种立场明确但又不能强争硬取的语言战争中，说话的水平、说话的策略往往决定着谈判的最终结果。只有善于说话，才能在谈判中游刃有余，从而占据主动地位，做到“谈笑间，樯橹灰飞烟灭”。

要认识到谈判是无处不在的

在人们的思维观念里，通常认为谈判是高层次的活动，与普通人无关；认为谈判所涉及的必是国家大事、外交事务，至少也是重大的商务活动；认为谈判是持不同观点的双方面对面坐在一张长长的桌子旁，周围弥漫着严肃的气氛。

其实，谈判的核心任务在于一方企图使另一方或理解或允许或接受自己的条件，通俗地说，谈判就是让对方按照他自己的想法办事，同时符合我方的意愿。从这个意义上来说，人间平凡小事的讨论等等也可说是谈判。

去商店购买商品，要谈判；租赁或购买房屋，要谈判；推销某种物品，要谈判；协商遗产继承的问题，要谈判；谈婚论嫁要谈判；让别人接纳建议要谈判；使技术运用于生产要谈判；为了薪水或职级与上司或与下属交涉要谈判；为了解决因某个问题而引起的争议要谈判……举凡物质和精神的满足，没有能离得开谈判的。

谈判无处不在。谈判不只是那些风光的外交官的专利，它已成为人们日常生活中不可或缺的组成部分，男女老少、随时随地都会有进行谈判的可能。

有时候谈判常常是非常简单的，看起来几乎不需要什么考虑或时间。下面是一个例子：

主管："杨玲，你今晚能不能加半小时的班把库存报告赶出来？"

杨玲："我今晚想去看我儿子在学校的演出。"

主管："那么明天早晨早来半个小时，怎么样？"

杨玲："为什么不呢？我还可以得到加班费。"

这两句简单的对话其实也是谈判。可以说，像这样的谈判在工作中不可避免，而且我们也可能需要与客户谈判。因此，重视和提高我们的谈判技巧是必需的。

一方面我们要认识到谈判的普遍存在性，另一方面也不要把谈判看成是一件过于头疼的事情。正如毛泽东所说"在战略上轻视它，在战术上重视它"。如果能做到这些，就能在实践中不断学习和提高自己的谈判技能，把谈判的话说到点子上，使自己在工作和生活中尽可能多地得到自己所需要的东西。

谈判中掌握讨价还价的技巧

谈判中讨价还价时，对方的目标越高，对我方越不利。对方的目标很高，对方的要价往往居高不下，成交价格也就很难降低。因此，要降低对方的要价，首先要降低对方的目标。

给对方的商品挑毛病，就等于贬低商品的价值。如果商品的价值被贬低，商品价格在人们心目中就失去了应有的基础。因此，谈判中讨价还价时，如果能将对方的商品挑出一大堆毛病来，比如从商品的功能、质量到商品的款式、色泽等方面吹毛求疵，这样，就等于向对方声明：瞧你的商品有多次。对方的要价就会成为空中楼阁。

苹果熟了，果园里一片繁忙景象。一家果品公司的采购员来到果园。

“多少钱一斤？”

“8 角。”

“6 角行吗？”

“少一分也不卖。”

当时正是苹果上市的时候，有这么多的买主，卖主显然不肯让步。

“商量商量怎么样？”

“没什么好商量的。”

“不卖拉倒！死了张屠夫，未必就吃混毛猪！”

几句话说呛了，买卖双方不欢而散。

不久，又一家公司的采购员走上前来，先递过一支香烟，问：“多少钱一斤？”

“8 角。”

“整筐卖多少钱？”

“零买不卖，整筐8角一斤。”

卖主仍然坚持不让。买主却不急于还价，而是不慌不忙地打开筐盖，拿起一个苹果在手里掂量着，端详着，不紧不慢地说：“个头还可以，但颜色不够红，这样上市卖不上价呀。”

接着伸手往筐里掏，摸了一会儿摸出一个个头小的苹果：“老板，您这一筐，表面是大的，筐底可藏着不少小的，这怎么算呢？”

边说边继续在筐里摸着，一会儿，又摸出一个带伤的苹果：“看！这里还有虫咬，也许是雹伤。您这苹果既不够红，又不够大，有的还有伤，无论如何算不上一级，勉强算二级就不错了。”

这时，卖主沉不住气了，说话也和气了：“您真的想要，那么，您还个价吧。”

“农民一年到头也不容易，给您6角钱一斤吧。”

“那可太低了……”卖主有点着急，“您再添点吧，我就指望这些苹果过日子哩。”

“好吧，看您也是个老实人，交个朋友吧，6角5分一斤，我全包了。”

双方终于成交了。

第一个买主遭到拒绝，而第二个买主却能以较低的价格成交，这里的关键在于，第二个买主在谈判中采取了“吹毛求疵”的战术，说出了压价的道理。

若从相反的立场说，卖主如何对付这种“吹毛求疵”战术呢？

①必须很有耐心。那些虚张声势的问题及要求自然会渐渐露出马脚来，并且失去影响力。

②遇到实际问题，要能直攻腹地，开门见山地和买主私下商谈。

③对于某些问题和要求，要能避重就轻或熟视无睹地一笔带过。

④当对方在节外生枝，或作无谓的挑剔或无理的要求时，必须及时提出抗议。

⑤向买主建议一个具体且彻底的解决办法，而不去讨论那些没有关系的问题。

善于用“不”字

有技巧地说“不”，看似妥协和放弃，实际上是暗中的进攻和争取。每个人都有说“不”的权利，说“不”，不管出于什么原因都是无可厚非的，不要勉强自己硬撑着，放弃这个权利。有的人认为“客户永远是对的”，因而对他们的要求不敢说半个“不”字。可是对于你的让步和“客气”，别人不会心存感激，反而会得寸进尺。最后，你会举步维艰，形同举着一块要砸自己脚的大石头。

当然，在谈判中利益冲突总是居多，你必须考虑到你的“不”给谈判带来的不利影响。如果因为一个“不”字就让谈判“卡壳”，那就不好了。“不”因其干脆利落，确实让满怀期待的一方难以接受，也因此很容易让谈判陷入僵局，不利于谈判顺利进行。其实，你没有必要斩钉截铁地讲出“不”字，不妨尝试一下沉默、回避、拖延等手段，“无可奉告”是一个很管用的词，“心有余而力不足”更是客气，“事实会证明的”也很委婉，还可以岔开话题，甚至可以撒一个无伤大雅的小谎：“我只是替人卖力，做不了这个主，等我回去请示一下再说，可以吗？”

有一位商人手头有一幢大楼要出租，这消息一传出，立即引起了两家实力雄厚的大公司浓厚的兴趣。大家都想租到地段良好、环境优美、装修考究的大楼。

两家公司的负责人事先都给这位商人打了招呼，而且甲公司愿意租下全部的 12 层，价格要比乙公司高出 1 / 4 多。商人想了想，对他的助理说：“帮我打电话告诉甲公司和乙公司，就说我们只能下次合作了……”

助理好奇地问：“你为什么不把楼房租给甲公司呢？还有谁会出这么高的价钱呢？”

商人诡秘地一笑，说：“你只管照我的话做就是了！”

两位负责人强烈要求面见商人，三个人在屋子里闷坐了几个小时，最后两位负责人相互妥协，达成一致，他们各自以甲公司原来的价格租下房子的一半。商人一下子净赚了几倍。

助理惊叹不已：“我的天啊！您是怎么说服这两个人的！他们的出价竟然还是原来的高价，却只租到一半的房子！太不可思议了！”

商人笑笑说：“我什么都没有做，我只是告诉他们：‘不，我不能把房子租给你们中的任何一个，这让我为难！’剩下的就是他们在帮我谈判！”

在谈判场合，谈判者需要根据自己的实力表明自己的态度，不要为了自己的面子，更不要为了别人的情面而羞于说“不”。有技巧地说“不”，不仅不会刺伤对方，还会有助于生意成功。掌握说“不”的时机，最重要的是你要确定你的拒绝能让你处于主动的优势。在时机不当的时候说“不”，就等于自我放弃还有转机的生意；有技巧地说“不”，看似妥协和放弃，实际上是变相的进攻和争取。

切入正题前不妨先拉近关系

在谈判中，由于双方的立场是对立的，所以气氛常常并不友好，而如果在切入正题前套套近乎、拉拉关系，缩短一下彼此的距离，谈判的过程可能会更轻松，其结果也往往更好一些。

美国著名的柯达公司创始人伊斯曼，捐出巨款在罗彻斯特建造一座音乐堂、一座纪念馆和一座戏院。为承接这批建筑物内的座椅，许多制造商展开了激烈的竞争。

但是，找伊斯曼谈生意的商人无不乘兴而来，败兴而归，一无所获。

正是在这样的情况下，“优美座位公司”的经理亚当森前去会见伊斯曼，希望能够得到这笔价值 9 万美元的生意。

伊斯曼的秘书在引见亚当森前，就对亚当森说：“我知道您急于想得到这批订货，但我现在可以告诉您，如果您占用了伊斯曼先生 5 分钟以上的时间，您就完了。他是一个很严厉的大忙人，所以您进去后要快快地讲。”

亚当森微笑着点头称是。

亚当森被引进伊斯曼的办公室后，看见伊斯曼正埋头于桌上的一堆文件，于是静静地站在那里仔细地打量起这间办公室来。

过一会儿，伊斯曼抬起头来，发现了亚当森，便问道：“先生有何见教？”

秘书把亚当森做了简单的介绍后，便退了出去。这时，亚当森没有谈生意，而是说：

“伊斯曼先生，在我们等您的时候，我仔细地观察了您这间办公室。我本人长期从事室内的木工装修，但从来没见过装修得这么精致的办公室。”

伊斯曼回答说：“哎呀！您提醒了我差不多忘记了的事情。这间办公室是我亲自设计的，当初刚建好的时候，我喜欢极了。但是后来一忙，一连几个星期我都没有机会仔细欣赏一下这个房间。”

亚当森走到墙边，用手在木板上一擦，说：

“我想这是英国橡木，是不是？意大利的橡木质地不是这样的。”

“是的，”伊斯曼高兴得站起身来回答说，“那是从英国进口的橡木，是我的一位专门研究室内橡木的朋友专程去英国为我订的货。”

伊斯曼心情极好，便带着亚当森仔细地参观起办公室来了。

他把办公室内所有的装饰一件件向亚当森做了介绍，从木质谈到比例，又从比例谈到颜色，从手艺谈到价格，然后又详细介绍了他设计的经过。

此时，亚当森微笑着聆听，饶有兴致。

亚当森看到伊斯曼谈兴正浓，便好奇地询问起他的经历。伊斯曼便向他讲述了自己苦难的青少年时代的生活，母子俩如何在贫困中挣扎的情景，自己发明柯达相机的经过，以及自己打算为社会所做的巨额的捐赠……

亚当森由衷地赞扬他的功德心。

本来秘书警告过亚当森，谈话不要超过 5 分钟。结果，亚当森和伊斯曼谈了一个小时，又一个小时，一直谈到中午。

最后伊斯曼对亚当森说：

“上次我在日本买了几张椅子，打算由我自己把它们重新漆好。您有兴趣看看我的油漆表演吗？好了，到我家里和我一起吃午饭，再看看我的手艺。”

午饭以后，伊斯曼便动手把椅子一一漆好，并深感自豪。

直到亚当森告别的时候，两人都未谈及生意。

最后，亚当森不但得到了大批的订单，而且和伊斯曼结下了终生的友谊。

为什么伊斯曼把这笔大生意给了亚当森，而没给别人？如果他一进办公室就谈生意，十有八九要被赶出来。

亚当森成功的“绝”窍，就在于他善于和对方套近乎，从而拉近了彼此的心理距离。他从伊斯曼的办公室入手，以几句人情话巧妙地赞扬了伊斯曼的成就，使伊斯曼的自尊心得到了极大的满足，把他视为知己。这笔生意当然非亚当森莫属了。

四、掌握突发事件中的说话方法

在日常生活中，我们难免会遇到一些尴尬的事情或者突发事件。不管造成这种“危机”的原因是什么，最重要的是你能否随机应变，用巧妙的语言摆脱当时的困境。急话慢说也好，慢话急说也罢，以恰当的语言应对，才能化险为夷。

用明话暗说的办法摆脱窘境

生活中总会出现一些令人意想不到的事情。因为交际双方是一种积极的参与，而非刻板、机械的迎合，所以交际情景也会不断地发生变化。面对变化着的情景，尤其是仓促而至的窘境，需要我们调动一切可以调动的语言表达手段，以达到自己想要达到的交际目的。明话暗说就是很有效的一种。

首先是自嘲式的明话暗说。在交际中，有时会碰上因为自身的缺点或其他原因而出现的尴尬事，要是你懂得“自嘲”，巧妙地“揭自己的短”，反而会使自己败中求胜，树立良好的交际形象。

麦克阿瑟一贯以傲慢著称。有一次，杜鲁门会见他时，他不慌不忙地取出烟斗，装好烟丝，取出火柴准备点燃的时候才问杜鲁门：“我抽烟你不介意吧？”

麦克阿瑟显然并不是真心征求杜鲁门的意见，这使杜鲁门十分难堪，因为如果他现在表示很介意的话，会显得有点霸道。

此时，杜鲁门看了看麦克阿瑟，说：“抽吧！将军，别人喷到我脸上的烟雾，要比喷在任何美国人脸上的烟雾都多。”

杜鲁门的这番自嘲，不但自尊心得到保护，而且还向美国人显示他的大度与宽容。还有，他把自己摆在“受害者”的地位上，可博得美国大众的同情与支持。

再就是借物说事式的明话暗说。在生活中，常可以利用身边的实物来说明某种道理或摆脱困境，或者以某件能与话题搭上关系的物品来进行对比，达到一种形象化的效果。

古代，有位文人到王大官人家去做客，被众人推到了上座，但独眼的管家却从下席开始斟酒，有意把他冷落在一旁不管。王大官人也想故意作弄他，端起酒杯朝他说：“先生，喝呀！”

文人端坐不动，他笑着说：“大家先别急着喝酒，我说个笑话给大家助助兴。我刚出门时，碰到内人正用针在缝衣服，就以针为题即兴作诗一首，现在念给大家听听：‘一头尖尖一头扁，扁间只有一只眼。独眼只把衣裳认，听凭主人来使唤。’”

大家听了，一齐朝独眼管家看去，极力强忍笑意，大声叫好。这样一来，反而使王大官人及其管家狼狈不堪。

文人借用了针的形象，尖锐地讽刺了想为难自己的王大官人及其家人，不但保全了自己的尊严，也让捉弄自己的人“搬起石头砸自己的脚”。

生活与工作中，你也可以假身旁之物摆脱困境，让左右为难的自己找到台阶下。

某人在你的办公桌前滔滔不绝，而你却不能耽搁太多的时间。如果喋喋不休的人是下属或是朋友那还好办，偏偏又是得罪不起的人物，你怎么办呢？

你可以写个纸条给同事：“到隔壁的办公室打个电话给我。”

用不了几分钟，电话响了。你可以大声说：“什么，马上去！这儿有位很重要的客人，什么？不去不行？那……好吧。”

一般来说，来客会示意你赶快去。如果他没这么说，你也可以假装满心歉意地送走来客，且不会伤了他那可怜的自尊。这么做，既不损人又利己，实为最佳解决办法。

作为女性，经常会受到男士的邀请，如果想拒绝又不伤对方的心，办法有许多种，借物脱困无疑是其中的妙招之一。

例如，有位男士走到你面前，说了一句："欢迎你参加！"然后就把一张入场券递给你。这时你想拒绝他，又要让他下得了台阶。你可从皮包里拿出笔记本，打开一看，不论看到什么，都可说："哎呀，我和小王小张约好今天去购物，你只有和别人同去了，不过还是很谢谢你。"从而婉言拒绝了对方，达到了自己的交际目的。

还有拆词换字式的明话暗说。在说话时，如果把一些完整的词拆下来讲，可以表达出另外一种意义。

拆词换字常是对某词的拆解而重新组织或者对对方的话稍加改造，获得了与原意迥然相反的意思，从而掌握了对话中的主动权，立于不败之地。

言行失误时的 7 种补救方法

无论是多么高明的人，都难免会出现言行失误的时候。失误发生后，最重要的是随机应变，及时补救，以消除尴尬，挽回局面。下面为大家提供一些建议，以供参考。

（1）言语失误及时改口

一次，美国总统里根访问巴西，由于旅途疲乏，年岁又大，在欢迎宴会上，他脱口说道：

"女士们，先生们！今天，我为能访问玻利维亚而感到非常高兴。"

有人低声提醒他说溜了嘴，里根忙改口道：

"很抱歉，我们不久前访问过玻利维亚。"

当那些不明就里的人还来不及反应时，他的口误已经淹没在后来滔滔的大论之中了。这种将说错的地点、时间加以掩饰的方法，在一定程度上避免了当面丢丑，不失为补救的有效手段。

在实践中，遇到这种情况，有三个改口的方式可供参考：

①移植法：就是把错话移植到他人头上。如说："这是某些人的观点，我认为正确的说法应该是……"这就把自己已出口的某句错误纠正过来了。对方虽有某种感觉，但是无法认定是你说错了。

②引申法：迅速将错误言词引开，避免在错中纠缠。也就是接着那句话之后说："然而正确说法应是……"或者说："我刚才那句话还应做如下补充……"这样就可将错话抹掉。

③改义法：巧改错误的意义。当意识到自己讲了错话时，干脆重复肯定，将错就错，然后巧妙地改变错话的含义，将明显的错误变成正确的说法。

（2）顾左右而言他

某校某班在一次高考中，数学和外语成绩突出，名列前茅。校长在评功总结会上这样说：

"数学考得好，是因为老师教得好；外语考得好，是学生基础好。"

在座的人听罢沸沸扬扬，都认为校长的说法显得有失公正。一位教师起身反驳："校长对待教师的劳动不一视同仁，将不利于团结，不能调动广大教师的积极性。"

会场有人轻轻鼓掌，然后是一阵静默。而静默似乎比掌声对校长更有压力和挑战意味。校长没有恼怒，反而"嘿嘿"地笑起来，他说："大家都看到了吧，×老师能言善辩，真是好口才。很好，很好！言者无罪，言者无罪。"

尽管别人猜不透校长说这话的真实意思，然而却不得不佩服他的应变能力：他为自己铺了台阶，而且下得又快又好。听了上述回答后，无人再就此问题对校长跟踪追击。

（3）巧妙转换话题

错话一经出口，在简单的致歉之后应立即转移话题，并借着错处加以发挥，以幽默风趣、机智灵活的话语改变现场的气氛，使听者随之进入新的情境中。

一个新毕业的大学生去某合资公司求职，一位负责接待的先生递上名片。大学生神情紧张，匆匆一瞥，脱口说道："滕野先生，您身为日本人，抛家别舍，来华创业，令人佩服。"那人微微一笑："我姓滕，名野，地道的中国人。"大学生面红耳赤，无地自容，片刻后诚恳地说道："对不起，您的名字使我想起了鲁迅先生的日本老师——藤野先生。他教给鲁迅许多为人治学的道理，让鲁迅受益终生。希望滕先生日后也能时常指教我。"滕先生面带惊奇，点头微笑，最终录用了他。

（4）将错就错

这种方法就是在错话出口之后，能巧妙地将错话续接下去，最后达到纠错的目的。其高妙之处在于，能够不动声色地改变说话的情境，使听者不由自主地转移原先的思路，不自觉地顺着我之思维而思考，随着我之话语而调动情感。

某次婚宴上，来宾济济，争向新人祝福。一位先生激动地说道："走过了恋爱的季节，就步入了婚姻的漫漫旅途。感情的世界时常需要润滑。你们现在就好比是一对旧机器……"

其实他本想说"新机器"，却脱口说错，令举座哗然。一对新人更是不满之情溢于言表，因为他们都各自离异，自然以为刚才之语隐含讥讽。那位先生的本意是要将一对新人比作新机器，希望他们能少些摩擦，多些谅解。但话既出口，若再改正过来，反为不美。他马上镇定下来，略一思索，不慌不忙地补充一句："已过磨合期。"此言一出，举座称妙。这位先生继而又深情地说道："新郎新娘，祝愿你们永远沐浴在爱的春风里。"大厅内掌声雷动，一对新人早已笑得面若桃花。

（5）矛头指向"替罪羊"

老王的老同学到家里来聊天，二人在客厅里天南地北地聊着，不知不觉已经到了用晚餐的时间了。老王五岁的小儿子跑了进来，大声说："妈妈叫我告诉你，家里没有菜，不要留客人吃饭。"一时之间两个大人都愣住了。多尴尬，怎么解释啊！

老王脑筋一转，伸出手来，在儿子的小脑袋上轻轻打了一下，然后说："小笨蛋！我不是告诉过你，只有在隔壁唠叨讨厌的林妈妈来的时候，才要跑出来说这句话吗？你怎么弄错了？"

（6）借题发挥

有一次，张作霖出席名流集会。席间，有几位日本浪人突然声称，久闻张大帅文武双全，请即席赏幅字画。张作霖明知这是故意刁难，但在大庭广众之下，"盛情"难却，就满口应允，潇洒地踱到桌案前，在满幅宣纸上，大笔挥写了一个"虎"字，左右端详了一下，倒也匀称，然后得意地落款"张作霖手黑"，踌躇满志地掷笔而起。

那几个日本浪人面对题字，一时丈二和尚摸不着头脑，不由得面面相觑。其他在场的人也是莫名其妙，不知何意。

还是机敏的随侍秘书一眼看出了纰漏，“手墨”怎么成了“手黑”？他连忙贴近张作霖身边低语。张作霖一瞧，不由得一愣，如果当众更正，岂不大煞风景？还要留下笑柄。这时全场一片寂静。只见张作霖眉梢一动，计上心来，他故意大声呵斥秘书道：“我还不晓得‘墨’字下面有个‘土’？因为这是日本人索取的东西，不能带土，这叫寸土不让！”语音刚落，立即赢得满堂喝彩。那几个日本浪人这才“领悟”出意思来，越想越觉得没趣，又不便发作，只好悻悻退场了。

（7）坦率地承认自己的错误

如果你不小心犯了某种言行的错误，一时又不知道说什么才能更好地补救，那就坦率地承认和检讨吧，只要把话说得诚恳一点，并尽可能快地对事情进行补救，也能获得别人的谅解。

如何应对难以回答的问题

在人际交往中，常会遇到一些难以回答、不便回答或不愿意回答的问题。如果坦白地答一声“不知道”“无可奉告”，这不仅使对方难堪，破坏气氛，而且使自己显得无风度，没涵养，没水平。这时，最巧妙的办法是使用无效回答。

所谓无效回答，就是用一些没有实际意义的话去做些实质性的回答，推诿搪塞，答了等于没答，而别人又不能说你没答。例如：

一男士遇一女士：“喂，小李，听说你病了，什么病？”

“不是什么大病。”

“那到底是什么病？”

“一点小病。”

显而易见，这位男士可能是真的关心这位女士，但却失礼，因为两性间毕竟是有区别的。在这种情况下，小李机警地做了无效回答，非常得体。

生活中，无效回答用得较多的词儿是“没什么”和“不清楚”。

“喂，听说你们经理交桃花运啦？”

“不清楚呀。”——好事者无可奈何。

无效回答的方法和策略多种多样，常见的有以下几种：

①守势的（消极的）含混回答。如上面的例子就属于这种回答。

②积极的答非所问。我国一位涉外工作者到澳大利亚工作时，一澳大利亚人问他：“你爱澳大利亚吗？”这位同志觉得答“爱”与“不爱”都不合适，于是答道：“澳大利亚的袋鼠挺可爱。”这类答复一般用于那些不便于具体肯定与否定的问题。

③有些荒唐和强人所难的问题，不必硬着头皮去找正确答案，干脆将“错”就“错”，或者偷换概念，歪打正着，这样倒会取得好的效果。据说，一外国人问中国有多少厕所，答：“两个，一个是男厕所，一个是女厕所。”——既然你的提问违反常情，让人难堪，我何不也让你哭笑不得？

④消极地回避。直接说出不想回答的理由，使双方均不难堪。一次，一位外国记者在中央美术馆和大家谈“女模特儿具有为艺术献身精神”的话题时，问其中的一位女画家：“假如让你当人体模特儿，你愿意吗？”公开说“愿意”吧，对一个青年女性并非易事；说“不愿意”吧，又是自己打自己的嘴巴。于是，这个聪明的女画家说：“这是我的私事，不在采访之列吧？”她为自己解脱了

窘境，且自然而有道理。

⑤诱导对方自我否定。在对方提出问题后，不马上回答。先讲一点理由，提出一些条件或反问一个问题，诱导对方否定自己的刁难问题或自动放弃原来提出的要求。如：以前有位美国记者问一位中国导游：“导游先生，你认为鲁迅的文章好还是郭沫若的文章好？”这位导游马上作答：“记者先生，那你认为华盛顿好还是林肯好？”可谓妙答。

无效回答看起来多带消极色彩，实际上它处于积极的守势，守中有攻，柔中有刚。另外，运用无效回答，需要机智，但只要留心学习，也不难掌握。

要捆牢硬柴最好使用软绳

面对同一件事，有的人能顺利摆脱困境，有的人却把事情弄得越来越糟。差别如此悬殊，原因往往不是他们的能力大小，而是在说话的策略或态度上。

比如面对一件棘手的事，对手又是一个吃软不吃硬的人，你就要考虑如何应付他的冥顽和僵硬。也许最好的办法是说话时收敛起一切有棱角的东西，把自己降到一个低下乞怜的位置。所谓捆硬柴火用软绳，就是找准他的突破口，打动他心中柔软的部分，事情可能就好办多了。

在经济萧条时的美国某地，一个 17 岁的孤女在她寡母的支持下好不容易才找到一份在高级珠宝店当售货员的工作，而且还是暂时试用。新年快到了，店里的工作特别忙，姑娘干得很带劲，因为她听经理对别人说有正式录用她的意思。

这天她把柜台里的戒指拿出来整理。这时来了一位30岁左右的男子，他一脸愁容，衣衫褴褛。他用贪婪的眼神盯着那些高级首饰。

“丁零零！”电话铃响了，姑娘急着去接电话，一不小心，把一个盒子碰翻，六枚精美的钻石戒指落到地下。她慌忙四处寻找，捡起了其中的五枚，可是第六枚怎么也找不着了。姑娘急出了一身汗。这时，她看到那个男子正向门口走去，顿时，她知道戒指在哪儿了。当男子的手将要触及门柄时，姑娘柔声叫道：“对不起，先生！”

那男子转过身来，两人相视无言足足有一分钟。“什么事？”他问，脸上的肌肉在抽搐。

“先生，这是我头回工作，现在找个事做很难，是不是？”姑娘神色黯然地说。

男子久久地注视着她，终于，一丝微笑浮现在他的脸上，“是的，的确如此。”他回答，“但是我能肯定，你会在这里干得不错。”停了一下，他向前一步，把手伸给她，“我可以为你祝福吗？”

姑娘也立刻伸出手，两只手紧紧地握在一起，她用低低的但柔和的声音说：“非常感谢你的祝福！也祝你好运！”

他转过身，慢慢走向门口，姑娘目送他的身影消失在门外。转身走向柜台，把手中的第六枚戒指放回原处。

这本是一起盗窃案。一般情况下，人们会采用抓住盗窃者的方法追回赃物。但姑娘没有，她是用可怜的口吻，乞求盗窃者良心发现，从而避免了一场纷争。不难想象，如果姑娘一旦声张，偷窃者肯定不承认。其结果，不但姑娘要赔偿损失，连那来之不易的工作也会因此丢失。

人皆有同情弱者之心，也都有在竞争中忽视弱者的下意识。以弱赚取同情在有些时候也能达到摆脱困境的目的。显示出自己弱于对方的一面，就能有效地避免对方的戒备和争斗。兵法有云：不战而屈人之兵，乃善之善者也。我们在应对一些突发事件时有必要运用这种技巧，毕竟，用软绳捆硬柴火，更结实、保险。

紧急情况下更要随机应变

任何人都无法预知一个突发性事件什么时候降临，任何人也无法预先做好应变的准备。只有随机应变，根据眼前的环境状况采取不同的说话方式，才能化解危机，更好地维护自己的安全。

有一天，玛丽小姐正在屋里休息，忽然听到门外有声音。她打开门，却见一个持刀的男人正杀气腾腾、恶狠狠地看着自己。

是入室抢劫？是杀人逃犯？

玛丽不禁倒吸了一口凉气，心里打了一个冷战。她灵机一动，迅速恢复平静，微笑着说："朋友，你真会开玩笑！是卖菜刀吧？我喜欢，我要买一把……"边说边让男人进屋，接着说，"你很像我过去的一位好心的邻居，看到你真高兴，你是喝咖啡还是茶……"本来满脸杀气的歹徒，渐渐腼腆起来。

他有点结巴地说："谢谢，哦，谢谢！"

最后，玛丽真的"买"下了那把明晃晃的菜刀，陌生男人拿着钱迟疑了一会儿走了，在转身离开的时候，他说："小姐，你会改变我的一生！"

读罢这则故事，我们不仅钦佩玛丽小姐化险为夷的过人智慧，更被她那能融化世界的爱心所折服。不是吗？一场即将发生的灾难，转眼间被玛丽小姐几句话挽回了，她不但挽救了自己，也挽救并改变了这个未遂的嫌犯。这件事看起来悄无声息，回味起来则是惊心动魄。这两位主人公的人生在这片刻之间完成了一次由魔鬼到圣贤的净化与转折，也在各自的生命驿站中立下了一块里程碑。

第六章

让建议
入情入理、一语中的

一、多摆事实，做到以理服人

提到建议和说服，总会让人想起这么一句话：摆事实，讲道理。的确，事实胜于雄辩，要讲道理，就得先摆出令人信服的事实，然后结合这些事实，展开分析，深入探讨，挖掘出那些隐藏在事实当中的道理，这样才容易把别人说服。

一个事实胜过千言万语

当一种观念进入心底很长时间后，外人很难用一般的道理让其发生改变。此时，也许只能用事实这种最有力的武器来说服他了。

俗话说："事实胜于雄辩。"一个事实胜过千言万语。因此，在说服他人的过程中，要注意运用已有的事实作为论据，论证自己的论点，这样逻辑就会严谨，理由就会充分，说服才会有力。这是一种很常用的说服方法。事实上，这种方法并不需要太多的技巧，而只要能适时适量地陈述事实，便能使说服成功。

三月三是王母娘娘的生日，因为泰山风景好，就在山上修了个王母池（古时候也称瑶池），每年，王母娘娘会在这里过生日。有一年三月三，王母娘娘举行盛大的蟠桃会，天上地下的神仙都来祝贺。王母娘娘十分欢喜。忽有人来报："吕洞宾来了。"王母娘娘把脸一沉，传话说："不要叫他进来。"

吕洞宾得到通报，很是生气，他径直跑到王母娘娘的客厅里。他问王母娘娘："众仙都来参加盛会，为何把我拒之门外？"

王母娘娘面带怒气，回答说："因为你是个酒色财气之徒，所以我不欢迎你！"

吕洞宾哈哈大笑。他追问王母娘娘："请当着众仙说说，我怎么是个酒色财气之徒呢？"

王母娘娘扳着指头说："上次蟠桃会，你喝了个酩酊大醉，闹出许多笑话出来，岂不是个贪酒之徒？"

吕洞宾回答道："王母娘娘说得不对，你若不举行庆寿宴会，不让大家饮酒作乐，我怎能喝醉呢？"

王母娘娘听了，气得翻翻眼皮，又说："你三戏白牡丹的丑闻传扬四海，难道还算不上是个好色之徒？"

吕洞宾笑道："人有所爱，何况神仙呢？相爱并无妒心。而你身为女神，却有妒心。"

王母娘娘一听，勃然大怒，斥责吕洞宾："不要胡言乱语。"

吕洞宾说："小仙有事实为证：牛郎织女情投意合，要结为夫妻。你却嫉妒他们，拔出玉簪划了一道天河，将一对好端端的情人分开，一年才许人家见一次面，这多缺德呀！"

王母娘娘气得直哆嗦。过了许久，她才又开始数落吕洞宾："你是个贪财之徒，八仙过海闹龙宫时，据说你抢了不少宝贝！"

吕洞宾答道："上边传旨，'八仙过海，各显其能'，分明有言在先，怎能怪罪于我呢？要论贪财，你才当之无愧呢！"

王母娘娘说："我深居仙宫，谁说贪财？"

吕洞宾说："每年三月三，你张扬着祝寿，凡来参加的人所携带的寿礼你都欣然接受，这不是贪财是什么？"

王母娘娘气得浑身打哆嗦，指着吕洞宾的鼻子说："神仙是不能意气用事的，可是你，常常犯这毛病。八仙过海时，你挥动宝剑，肆意砍杀，你不动气，怎能砍杀呢？"

吕洞宾更加摇头发笑："王母娘娘，你弄颠倒了！我一鼓作气，奋起杀敌，那是战功！你倒是最爱动气啦！"

王母娘娘追问："你有何证据？"

吕洞宾说："你是个上等仙人，你是个女神，你光知道挑下人的毛病，今天把我拒之门外。你不动气，能这样做吗？"

王母娘娘被吕洞宾问得张口结舌。

在这个神话故事中，王母娘娘和吕洞宾都在试图说服对方，相当精彩。王母娘娘分别用确有其事的实例来说明吕洞宾是个酒色财气之徒；而吕洞宾也用事实来说明王母娘娘比他更过分。二人都争相使用事实做论据，只是吕洞宾所讲的事实更有力一些，最后使王母娘娘哑口无言了。可见，摆事实常常胜过讲道理，而摆的事实不同也会有不同的效果。因此，我们在使用摆事实的方法说服别人时，也要注意事例的选择。

用数字更容易把理说透

我们生活在数字的世界里，我们每天所见、所闻与所思的一切，几乎没有不涉及数字的。数字是用来显示某种情况统计计算的结果的，因此，它们能给听众留下深刻的印象，并且极具说服力，容易把理说透。尤其是它有证据的效应，这是孤立的事件所不可比拟的。

一位主管认为公司里的人太懒。因为员工不立即接听电话，造成大量的时间损失。为了说服公司总部领导采纳他的一个方案，他说：

"在6个月中，每100个通话中，有7个显示，要超过一分钟的耽搁，接话人才拿起话筒。纽约人每天总共大约要打4000000个电话，在这方面，每天共有280000分钟的损失。在6个月中，纽约人耽搁的时间，差不多等于自哥伦布发现美洲以来的所有营业时间。"

在这个例子中，这位主管把统计数字和我们熟悉的事物放在一起，进行比较，收到了加强印象的效果，同时也增强了说服力。

但由于数字本身是一种符号，容易让人产生麻木或厌烦的感觉，所以使用时要明智而审慎。在使用前，需要注意以下几个方面：

①所使用的引述的准确性；

②它是否来自专家的专门知识领域？

③引述的对象是否为听众所熟知或尊敬？

④引述的资料是否肯定是第一手资料？

使用数字来说服别人的时候，还有一点需要注意：如果只提起数字、数量本身，是不会给人留下深刻印象的，它们必须辅以实例。倘若可能，还必须加上我们自己的经验来讲述，或者设法为枯燥的数字注入生命。这即是说，要让数字所代表的事实，能成为一般人生活经验中的一部分。只有这样，人们对数字才感到亲切，也才能产生兴趣。举例来说，下面的第一种数字陈述方式若能改为第二种陈述方式，则其影响力将显著加大：

方式一："假如各位接纳我的提议，则公司每个月至少能节省67453750元的开支！"

方式二："假如各位接纳我的提议，则公司每个月至少能节省67453750元的开支！从另一个角度来说，倘若这项节省下来的开支，能以加薪的方式平均分配给公司的每一成员，则每一个人每一个月的工资将增加3500元！"

分析利弊，把理讲清

趋利避害是人的天性。一个人最关心的莫过于自己的利益。会讲道理的人，在劝说别人的时候，往往会以恳切的态度告诉对方，这样做有什么好处，不这样做会带来什么害处，让对方知晓自己的利害得失，从而做出明智的选择。

球王贝利，人称"黑珍珠"，是人类足球史上享有盛誉的天才。在很小的时候，他就显示出了踢足球的天赋，并且取得了不俗的成绩。

有一次，小贝利参加了一场激烈的足球比赛。赛后，伙伴们都精疲力竭，有几位小球员点上了香烟，说是能解除疲劳。小贝利见状，也要了一根。他得意地抽着烟，看着淡淡的烟雾从嘴里喷出来，觉得自己很潇洒、很前卫。偏巧，这一幕被前来看望他的父亲撞见。

晚上，贝利的父亲坐在椅子上问他："你今天抽烟了？"

"抽了。"小贝利红着脸，低下了头，准备接受父亲的训斥。

但是，父亲并没有这样做。他从椅子上站起来，在屋子里来回地走了好半天，这才开口说话：“孩子，你踢球有几分天赋，如果你勤学苦练，将来或许会有点儿出息。但是，你应该明白足球运动的前提是你具有良好的身体素质，可今天你抽烟了。也许你会说，我只是第一次，我只抽了一根，以后不再抽了。但你应该明白，有了第一次便会有第二次、第三次……每次你都会想：仅仅一根，不会有什么关系的。但天长日久，你会渐渐上瘾，你的身体就会不如从前，而你最喜欢的足球可能因此渐渐地离你远去。”父亲顿了顿，接着说，“作为父亲，我有责任教育你向好的方向努力，也有责任制止你的不良行为。但是，是向好的方向努力，还是向坏的方向滑去，主要还是取决于你自己。”

说到这里，父亲问贝利：“你是愿意在烟雾中损坏身体，还是愿意做个有出息的足球运动员呢？你已经懂事了，自己做出选择吧！”

说着，父亲从口袋里掏出一沓钞票，递给贝利，并说道：“如果不愿做个有出息的运动员，执意要抽烟的话，这些钱就作为你抽烟的费用吧！”说完，父亲走了出去。

小贝利望着父亲远去的背影，仔细回味着父亲那深沉而又恳切的话语，不由得掩面而泣，过了一会儿，他止住了哭，拿起钞票，来到父亲的面前。

“爸爸，我再也不抽烟了，我一定要做个有出息的运动员！”

从此，贝利训练更加刻苦。后来，他终于成为一代球王。他的成功跟父亲的一番教导是分不开的。至今，贝利仍旧不抽烟。

在现实社会里，人们要生存，就离不开和自己紧密相关的各种利益，因此，人们最关心的就是自己的相关利益。所以，在说服别人的过程中，晓之以害，告之以利，清晰明了、冷静客观地揭示出对方目前的处境和未来的发展，就能有效增强说服力。

与人说理时要循循善诱

我们在与别人说理时，一定要注意循循善诱，步步引导，耐心商讨，这样对方才易于接受，易于“心中点头”。

某洗浴中心服务员马小姐拾到顾客遗失在店内的戒指，想悄悄据为己有，被客房部经理张大姐发现了，让她上交。可马小姐说：“戒指是我拾的，又不是偷的，更不是抢的，不上交也不犯法。”张大姐说：“小马，你知道什么叫‘不劳而获’吗？”“不知道！”马小姐嘟着嘴回答。张大姐说：“你看，‘不劳而获’是不经过劳动而占有的劳动果实。说得确切点是占有别人的劳动果实！”“你什么时候学会咬文嚼字了？”马小姐有点不耐烦了。张大姐耐心地问：“你说抢别人的东西是不是‘不劳而获’？”“那是的。”“你说，偷别人的东西是不是‘不劳而获’？”“当然也是的。”“那么，拾到别人的东西据为己有是不是‘不劳而获’？”“这，这……”马小姐语塞。张大姐顺势教育道：“拾到别人的东西据为己有和偷、抢得来的东西，在‘不劳而获’这一点上是相通的，除了国家法律，我们还应有一定的社会公德，再说我们也有工作守则，拾到顾客遗失的物品要交还，你可不能犯糊涂啊！”经过张大姐的教育，马小姐终于认识到自己的错误，把戒指交了出来。

我们可以看出，张大姐说服马小姐的过程中，避开马小姐振振有词的歪理，而是有意和她弄清楚一个看似与论题无关的“不劳而获”的意义，再诱导她由大及小，从面到点，步步推进，层层剥离，最后才切入实质性的问题：拾到东西据为己有，同偷、抢一样是“不劳而获”，是同样可耻的行为。通过一席沟通，马小姐受到了教育，打消了错误的念头。

某国政府部门要派一位女公务员琼娅去另一个城市工作。出于工作需要，搬家就成了琼娅首当其冲的事，但琼娅却不愿意搬家。琼娅的上司杰克先生便与琼娅有了下面一段谈话：

杰克：“好啦，琼娅，告诉我，搬家对你来说有什么损失？”

琼娅：“我们不能再住在拥有10年的这个家了，这会使我们失去与邻居们建立的深厚友谊；两个孩子再也无法上他们一直在上的那所学校了。我们将失去这里的一切辅助性服务便利（银行、儿科医生、超级市场、汽车修理店）。我们得搬到距我们父母1000多英里远的一个地方，因而也就无法经常见到他们。”

杰克：“琼娅，这听起来有点不对劲，你最好把这件事再考虑一下。但是，如果有可能的话，我相信你能从这种过渡里获得很多。”

琼娅：“嗯，我们会有一个新家，比我们这个老家更新更大。我们还会有一帮子新邻居，一年之后我们还可以回来一两次探望一下我们的老朋友，我们生活的地区还会有许多娱乐会。孩子们会有一所漂亮的新学校，结交一帮子新朋友，我们家的收入将提高10%，开支实际上则会降下来。丈夫则会得到他一直努力去争取的职位。我们的新家距一所大学很近，我正考虑重新上大学，把硕士学位拿下来。”

杰克：“琼娅，搬家后，在你的生活中仍然一如既往的是什么呢？有什么会仍然不改变的吗？”

琼娅：“我们仍然会拥有这儿的朋友。我们的父母会仍然住在这儿，但我们却会继续得到他们的关爱和支持。我们会仍然身体健康。而最重要的是，作为一家人，我们还会互相拥有。我们在圣地亚哥生活的回忆会永远留在我们的脑海里。”

杰克：“在这次外部变动中，谁是你们可以指望的人呢？”

琼娅：“我们可以指望我全家、我的好友米娜，还有杰克先生你（杰克已经告诉琼娅，要放琼娅一周的假，好让她做好一切安排）、我的朋友罗丝（他是律师，可以在某些法律问题上指导琼娅）。实际上，我可以指望帮助我解决困难的还有许多朋友。”

杰克的这次谈话相当成功，琼娅在当天晚上便开始准备搬家了。

杰克的成功说服，其方法或诀窍是：循循善诱。特别是对于女性而言，她们的心理承受能力相对差一些，感情比较脆弱，如果一味地用强制性的口吻说话，那么，她们将很难接受。而通过循循善诱式的方式来诱导启发，则会令她们心悦诚服。

使说理更有效的 12 条秘诀

对于如何说理才能起到良好的说服效果，心理学家和谈判专家们总结了许多秘诀，这当中有些是很值得借鉴的，总结起来，除了以上我们说的四种外，还有以下几点。

（1）权威说服

权威说服就是借助于知名的专家、学者、英雄、模范、领袖人物，通过这些人物的言行对事物进行褒贬，以达到说服的目的。

（2）警句说服

在我们丰富多彩的语言交流中，经常可以接触到一些耐人寻味、发人深省的语言，我们通常称这类语言为格言、警句、箴言、锦语、谚语、俗语等。这类语言精辟、隽永、言简意赅，教人如何正确对待生活，如何认识事物的本质，如何处理生活中各种复杂的关系等，其文字虽少，却蕴含丰富的哲理，有很强的启发性、感染力和说服力。

（3）现身说服

现身说服，就是说服者把自己摆进去，用自己亲身经历过的事情及其经验教训，对人进行启发和诫喻，给说服对象树立一个易于改变自己观点和态度的可仿效的榜样，这个榜样不是别人，正是说服者本人。

（4）对比说服

对比说服就是指通过实事求是的对比，较好地完成说服的任务。没有对比，就没有鉴别，对比是“鉴别剂”。在自然界，高山与细石，长河与涓流，苍松与灌木，大象与蚂蚁，稍加对比，其大小之别，则清晰可辨；在社会人群之中，正义与邪恶，高尚与卑鄙，勇敢与怯懦，慷慨与吝啬，一经对比，孰是孰非，则泾渭分明。这种方法不落俗套，别具一格，说服的效果甚佳。

（5）借物说服

借助于某种事物施行劝导说服的方法，称为借物说服。这种方法的显著特点就在于寓理于物，借物发挥。借物说服的根本要求，在于所借之物与所发之言必须紧密结合，成为不可分割的有机整体。

运用借物方式进行说服，古已有之。战国时吴王的一个门客，曾经用“螳螂捕蝉，黄雀在后”这一连锁反应现象，说明不能只顾眼前利益而不顾身后隐伏着的祸患的道理，用来说服吴王不要去攻打楚国。

（6）比喻说服

比喻是一种常见的说话技巧。善于比喻，可以使复杂的问题变得简单，可以使抽象的问题变得具体，可以使枯燥乏味的问题变得生动有趣。

（7）逻辑说服

一个人的话是否有说服力，很大程度上取决于你的语言的逻辑性。一般来说，善于讲道理的人，常常会利用语言逻辑的力量，层层推进，用严谨的语言逻辑让对方无力辩驳，接受自己的观点和意见。

（8）因果说服

在说服别人的时候，明确自己所提建议的前因后果，比把自己的观点强加于人更有效。

（9）以小见大

思想是有差别、有层次的，讲道理也应有层次。缺少层次，一下子跨越几个台阶，会让人感到道理离得很远，接受不了。说者应擅长于小事情中讲蕴含着的大道理，于身边事情中讲可望及的远道理，于浅表事情中挖掘可触摸的深道理。

（10）设问说服

这种方法就是把大道理分解成若干个问题，用问话提出。一则引发兴趣，启发大家共同思考；一则用以创造一种平等和谐的气氛，使人觉得不是在灌输大道理，而是在共同探讨问题。这种方法，变听为想，变被动接受为主动反思，在抛砖引玉、换位思考中，让“系铃”人自己“解铃”。

（11）点到为止

话讲得啰唆就让人厌烦，听不进。有些人生怕人家听不懂，翻来覆去地讲一个道理，结果适得其反。正确的方法是，应该视情况因人出发，针对实际把握要讲的内容，该讲的一定要“点到”，同时又要注意留下充分思考的时间，让对方去领悟、消化。

（12）怒言说服

愤怒之言并不都是消极、有害的，在特定情况下，它也能产生积极的说服效果。有句古语说得好：“气血之怒不可有，理义之怒不可无。”即是说，不应当有个人意气之怒，但为大义真理而动怒却是不可少的。“理义”之怒的积极作用，一是劝说者的愤怒脸色、威严冷峻的仪态，是一种“有形有色”的语言，它传递的信息具有一定的威慑作用，有助于烘托说服的气氛，暗示事情的严重性和不容忽视性，能引起对方心灵上的震颤和对所发生问题的重视与反思。二是愤怒之言带有强烈的感情色彩，措辞严厉，语调高昂，情理并重，用以表达鲜明的态度和严正的立场，具有较强的刺激性和震撼力，因而能产生积极的心理影响。因此，其特有的说服价值是不应否定和忽略的，若运用得当，会收到较好的说服效果。

二、注重温暖效应，有理更要有情

不能做到动之以情，就很难达到晓之以理的结果。要知道，人都是有感情的，从自己心中流出来的，才能流进别人的心中；感动自己的，才能感动别人。如果只是板着面孔冷冰冰地说道理，即使你掌握了再多的说服技巧也无济于事。

说理时注入感情更具说服力

一般而言，人的思维行动都是由意识控制的，即使他人和外界提出建议或强迫要求，也不见得能使其有所改变，除非真正触及了他的心灵，使其认识到应该怎么做。所以，说服或劝说，必须在晓之以理、动之以情上下功夫。

亚里士多德曾说过："说服是通过使听众动感情而产生效果的，因为我们是在痛苦和欢迎、爱和恨的波动中做出不同的决定的。"心理学研究表明，当一个人处于愧疚、自责、害怕、焦虑等情绪中时，较易接受劝说信息。因此，说服者必须在说理时注入情感，才能达到良好的说服效果。

赵太后刚刚执政，秦国加紧攻赵。赵国向齐国求救。齐国说：

“一定要把长安君作为人质，才派兵。”赵太后不肯答应让自己的儿子去，大臣们极力劝说，太后坚决地对左右的人说：“有哪个再来说要长安君为人质的，我就要把唾沫吐在他的脸上。”

左师触龙希望觐见太后，太后气冲冲地等着他。触龙来到宫中，慢慢地小跑着，到了太后跟前谢罪道：“我脚上有毛病，竟不能快步走。我怕您玉体欠安，所以想来见见您。”太后道：“我靠车子才能行动。”触龙又问：“每日饮食该没减少吧？”太后道：“不过吃点稀饭罢了。”触龙说：“我近来很不想吃什么，却勉强散散步，每天走三四里，稍稍增加了一些食欲，身体也舒畅了些。”太后说：“我做不到啊。”太后的怒色稍稍地消了些。

触龙又说：“老臣的贱子舒祺年岁最小，不成器得很，而我已经衰老了，心里很怜爱他，希望他能充当一名卫士，来保卫王宫。我特冒死来向您禀告。”太后答道：“好吧。他多大了？”触龙道：“15 岁了。不过，虽然他还小，我却希望在我没死之前把他托付给您。”太后问道：“男子汉也爱他的小儿子吗？”触龙答道：“比女人还爱得很哩！”太后答道：“女人格外疼爱小儿子。”触龙说：“我私下认为您对燕后的爱怜超过了对长安君。”太后道：“您说错了，我对燕后的爱远远赶不上对长安君啊！”触龙言道：“父母疼爱自己的孩子，就必须为他考虑长远的利益。您把燕后嫁出去的时候，拉着她的脚跟，还为她哭泣，不让她走。想着她远嫁，您十分悲伤，那情景够伤心的了。燕后走了，您不是不想念她，可是祭祀时您为她祝福，说：‘千万别让她回来。’您这样做难道不是为她考虑长远利益、希望她有子孙能相继为燕王吗？”太后答道：“是这样。”

触龙又说：“从现在的赵王上推三代，直到赵氏从大夫封为国君为止，历代赵国国君的子孙受封为侯的人，他们的后嗣继承其封爵的，还有存在的吗？”太后答道：“没有。”触龙又问：“不只是赵国，诸侯各国有这种情况吗？”太后道：“我还没听说过。”触龙说道：“他们当中祸患来得早的就降临到自己头上，祸患来得晚的就降临到子孙头上。难道是这些人君之子一定都不好吗？但他们地位尊贵，却无功于国；俸禄优厚，却毫无劳绩，而他们又持有许多珍宝异物。（这就难免危险了。）现在您使长安君地位尊贵，把肥沃的土地封给他，赐给他很多宝物，可是不趁现在使他有功于国，有朝一日您不在了，长安君凭什么在赵国立身呢？我觉得您为长安君考虑得太短浅了，所以认为您对他的爱不及对燕后啊！”太后答道：“行了，任凭您把他派到哪儿去。”于是为长安君准备了上百辆车子，到齐国做人质。齐国于是派兵救赵。

在说理时注入感情，必须于说服前能够准确地揣摩出对方的心理，这样才能够打动人心。如：他在想什么？他惯用的行为模式是什么？现在他想要做什么？等等。这样才能从感情深处征服对方。触龙的成功，除了高超的语言技巧外，更在于他深切地了解对方的心理，在说理时注入了感情，不仅从两人的相似点上拉近了彼此的感情距离，也让人感觉到他确实是在为国家真诚考虑，确实是为长安君作长远的打算。

换位思考才容易打动人心

设身处地地为对方着想，站在对方的角度上思考问题，能赢得对方的好感，大大增强你的说服力。

每个人都认为自己的观点是正确的，都希望自己站在说服者而不是被说服者的地位上。如果不考虑对方，只是单方面地表达自己的观点，对方就很难接受你和你的观点。所以，与其生硬地将自己的观点强加给对方，用自己的观点“压倒”对方的观点，还不如给对方发表看法的机会，以缓和对方的抵制情绪。在倾听对方述说的过程中，从对方的话语中了解对方，借此找出说服的重点，接着再从对对方有利、有好处的角度进行说服，才能把话说到点子上，达到说服对方的目的。

进行换位思考，一方面显示说服者坦诚的态度，另一方面又表现出了对对方的尊重，这样就促进了双方的沟通，扩大了双方的共识，促进了合作的成功。

有一家大型公司的总经理要租用一家旅馆大礼堂开一个经销商会议。刚要开会，对方通知他要付比原来高三倍的租金。没办法，总经理去找旅馆经理交涉。他说了下面这番话:“我接到您的通知时，有点震惊。不过这不怪您，假如我处在您的位置，也许也会写出同样的通知。您是这家旅馆的经理，您的责任是让旅馆尽可能多盈利。您不这么做的话，您的经理职位难以保住。假如您坚持增加租金，那么让我们来合计一下，这样对您有利还是不利。先讲有利的一面，大礼堂不出租给开会者而出租用来举办舞会、晚会，那您可以获大利了。因为举行这一类活动的时间不很长，他们能一次付出很高的租金，比我的租金当然要多得多。租给我，显然您是吃大亏了。现在，再考虑一下不利的一面。这个会议的参加者来自全国各地，他们的社会地位、文化修养、受过的教育都在中等程度以上。这些人到旅馆来开会，对您来说，这难道不是起了不花钱的活广告的作用吗？事实上，假如您花五千元钱在报刊上登广告，您也不可能邀请这些人亲自到您的旅馆参观。可我的会议为您邀请来了。这难道不合算？请仔细考虑后再答复我。”

如此换位思考的恳谈，很难让人拒绝。最后，旅馆经理向那位总经理让步了。

这位具有出色口才的总经理为人们上了生动的一课。他正是真正站在对方的立场上，为对方着想，全面地分析了双方的利弊得失，说话真诚，入情入理，最后成功说服了对方。

了解别人的态度和观点，设身处地地为别人着想，进行换位思考，你才能更加清楚地了解对方的思想轨迹，才能瞄准对方的“要害”，把说服的话说到点子上。

情真意切的话语可融化坚冰

情真意切的话语可以融化坚冰，消除人与人心灵的隔阂，令人心悦诚服。缺乏真情，所说的话就会苍白无力、枯燥乏味。因此，在说服他人时，真挚的情感和入情入理的说服方式是成功说服对方的关键。

一个小伙子因考学名落孙山而想自杀，村里的一位老汉这样劝他：“如果都像你这么想，我早该死了！我一辈子光棍一条，但我心里还是热腾腾的，想多活几年！因为我觉得活着还是有意思的。我用这双手种过五谷、栽过树、修过路……我栽下一棵树时，心里就想，我死了，后人在那棵树上摘果子吃，他们就会说，这是以前村里的光棍老汉栽下的……”这位老汉的一番话，激起了小伙子生活下去的信心与希望。因为这种方式给人以推心置腹的平等感、亲切感和信任感，从而走进了对方的心里，让他接受了你的观点。

可见，在进行说服时，如果能够使用情真意切、入情入理的语言诱导对方的心理或情感，就很容易使对方信服你所说的话。

在松下电器公司还是一家乡下小工厂时，作为公司老板的松下幸之助总是亲自出马推销产品。在碰到杀价高手时，松下幸之助就会说："我的工厂是家小厂。炎炎夏天，工人在炽热的铁板上加工制作产品。大家汗流浃背，却努力工作，好不容易制造出了产品，依照正常利润的计算法，应当是每件多少多少元承购。"对方一直盯着他的脸，听他叙述，听完之后展颜一笑说："哎呀，我可服你了，卖方在讨价还价的时候，总会说出种种不同的话，但是你说得很不一样，句句都在情理之中。好吧，我就照你说的买下来好啦。"

松下幸之助的成功，首先在于他真诚的态度。他强调自己是依照正常的利润计算方法确定价格的，自己并无贪图非分之财之意，他也同时暗示对方无讨价还价的余地。这就使对方调整角度，与其达成共识。他的语言充满情感。他描绘了工人劳作的艰辛，创业的艰难，语言朴素、形象、生动，语气真挚、自然，唤起了对方的切肤之感和深切同情。正如对方所说的，松下幸之助的话"句句都在情理之上"，这样，对方接受也就在情理之中了。

三、人性如水，强堵不如疏导

每一个人都喜欢说服别人而不愿意自己被别人说服。按自己的心愿说话做事，希望有人来征求自己的意见、愿望和想法，这是人们共同的心理。人性如此，不可改变。因此，与其正面说服，不如侧面引导，至少不能有太明显的说服姿态。

提意见时不妨用商量的语气

人都有获得别人尊重的需要，都不喜欢别人用命令和敌对的口气对自己说话。所以，如果你想要别人按照你的意思去办事，在跟别人提意见的时候应尽量采用商量的语气。

汤姆刚搬到一个新社区，发现邻居养了只大猎犬，平常总是放任它在附近乱跑。虽然这只猎犬性情温驯，不过，自己的小孩看见它，还是会感到害怕，除了待在自己家院子里，他哪里都不敢去。为了不伤和气，汤姆只好去猎犬主人家拜访，说明来意。

“您好，我是您的邻居汤姆，我想和您商量一些事情。您的狗很健康活泼，不过我家小孩看到它就害怕，不敢出门玩，我怎么讲都没用。所以想请您帮个忙，下午五点到六点，暂时让您的猎犬待在家里，这样我家小孩就可以出来玩。六点后，我会叫小孩回家吃饭，之后您的猎犬爱去哪里都行，我们不会有任何意见。希望您能体谅这种情况……”

这位邻居听完汤姆的话之后，点点头，表示按汤姆的话去做。

汤姆之所以能让邻居接受他的意见，是因为他首先赞美了邻居的小狗，赢得了邻居的好感，然后说出自己家的孩子害怕小狗、不敢出门玩的事实，最后提出完整的不损害双方利益的解决方案。从始至终，他都在用商量的语气和邻居交涉，所以最后和邻居达成了共识。如果汤姆——开始就抱怨邻居让自家的小狗在街上乱跑，吓得自己的孩子不敢出门玩耍，接着要求邻居把狗拴好，那么，邻居多半会不高兴地拒绝汤姆，搞得大家不欢而散。

在说服他人时，如果你一开始就不客气地讲出自己的意见，让对方马上接受，对方会产生逆反心理，立刻想着反驳你的话，而不想接受你的意见。这样一来，双方不但很难达成共识，还有可能破坏双方良好的关系。即使你拥有发号施令的权力，如果不讲究说话方式，也很难让别人心悦诚服。

一个盛夏的中午，在一个建筑工地上，一群工人正在阴凉处休息。监工走过来，呵斥工人说：“你们明知道工期很紧，吃完饭了还在这里磨洋工，还不快去干活！”工人们平时就很害怕这个监工，虽然不情愿，但还是起身去工作了。当监工走开后，工人们就又停下休息了。如果那个监工能够和颜悦色地对工人们说：“工友们，现在工期很紧，要辛苦大家了，希望大家能够牺牲一点休息的时间，尽量赶一赶工期。早点收工，大家就能早点回去洗澡、休息。大家看怎么样？”这样一来，即使天气再炎热，工人也会站起来开工了。

而在处理类似的问题时，查尔斯·斯科尔特就采取了很恰当的办法。

有一天，查尔斯·斯科尔特经过他管理的一家钢铁厂。当时正是中午，他看见几个工人正在抽烟，而他们头上正好有一块大牌子，上面写着“禁止吸烟”几个大字。一般的管理者通常会走上前去，指着那块大牌子对工人说：“你们难道不识字吗？这里不许抽烟！”

但斯科尔特没有这样做。他走向那群工人，掏出口袋里的雪茄，分发给每一个工人，然后用商量的语气说：“你们能不能到外面去抽这些雪茄呢？”工人们立即就认识到了自己的错误，掐灭了手里的香烟，并且以后再也没有在工地上抽过烟。他们也都更加敬重斯科尔特了。

如果你遇到斯科尔特这样的总经理，看到你违反了公司的规定，不但没有严厉地制止你，反而送你小礼物，还用商量的口气委婉地规劝你，你会不感动、不从善如流吗？

让“良药”不必再“苦口”

有一句老话说：良药苦口利于病，忠言逆耳利于行。利于病、利于行当然是好事，但为什么非要苦口、非要逆耳呢？

一种苦味的药，外面裹上糖衣，就改变了苦涩的口感，使患者容易一口吞到肚子里，于是，药物进入胃肠，药性发生了效用，疾病就治好了。善于说服的人，即使批评他人，也能做到“忠言不逆耳”，老少都爱听。

人是一种感情动物。一般人很容易受感情支配，即使内心有理性的认识，但仍然容易受反感情绪的影响而难以听进忠言。

比如说，一个中学生在外面游荡一天之后心生悔意，暗暗下决心回家学习。他一走进家门，当母亲的就急不可耐地对儿子说：“你又到哪里野去了？还不快去复习功课，看你将来还考得上大学！”儿子生气地顶撞母亲说：“哼，上大学，上大学，我就不信不上大学就混不出人样！”在逆反心理的驱使之下，儿子怒气冲冲地跨出了家门。就这样，母亲的一番苦心白费了。

看来，仅有为别人着想的良好愿望还不行，忠告也需要技巧，否则就会收到相反的效果。

给予他人忠告的时候，如果能够注意下面三个技巧，你的忠告就会被人接受，忠言听起来也就不会逆耳了。

（1）给人忠告要谨慎行事

说到底，忠告是为了对方，为对方好是忠告的根本出发点。因此，必须谨慎行事，要让对方明白你的一番好意，不可疏忽大意、随便草率。

（2）注意态度

给人忠告时，态度一定要谦和诚恳，用语不能激烈，也不必过于委婉，否则对方就会产生反感情绪。用语激烈，对方就会认为你趁机教训他；言语过分委婉，对方就会认为你假惺惺。

（3）选择适当的时机

比如说，当你的下属尽了最大努力而最终没有将事情办好的时候，此时最好不要向他们提出忠告。如果你这时不合时宜地说“如果不那样就不至于这么糟了”之类的话，即使你指出了问题的要害，而且句句在理，下属心里也会产生“你没看见我已经拼命努力了吗？”的反感，这时，忠告的效果当然不会好。相反，如果此时你能说几句“辛苦你了”“你已做了最大的努力”“这事的确比较难办”之类的安慰话，然后再与下属一起分析失败的原因，最终下属就会欣然接受你的忠告。

（4）选择适当的场合

在什么场合提出忠告也很关键。原则上讲，提出忠告时，最好采取“一对一”的方式，而不要当着他人的面向对方提出忠告。因为这样做，对方就会受自尊心驱使而产生抵触情绪。

（5）不要用比较的方式提出忠告

提出忠告时，最好不要以事与事、人与人相比较的方式进行。此时的比较往往是拿别人的长比对方的短，很容易伤害对方的自尊心。

比如说，一位母亲这么忠告自己的儿子：“我说小明啊，你看隔壁家的小光多有礼貌，多乖啊！你和人家同年生，你还比他大两个月哩，你要好好向他学习，做个好孩子哟！”儿子听了母亲的话。可能一言不发，但他内心的真实想法是：“哼，整天说小明这也好那也好，干脆让他做你的儿子好了！”这样一来，儿子的自尊心受到了伤害，母亲的忠告反而起到反效果。

再比如，丈夫对不修边幅的妻子提出了忠告：“我说，你看隔壁王太太哪天不是打扮得整整齐齐的，而你总是不修边幅，你就不能学学人家吗？”妻子很生气地反驳道：“学学人家？你有人家丈夫赚得多吗？你要是有钱，难道我还不会打扮？”虽然妻子很清楚自己的缺点，但是出于自尊心，她没好气地回敬丈夫，丈夫的忠告也就此失败了。

可见，在我们向别人提出忠告的时候，一定要讲究方式方法，尤其是要注意语言表达方式，使忠言听起来不逆耳，这样才能不伤害他人的自尊心，让他人欣然接受，最终达到忠告的目的。

使被说服者有被请教的感觉

好为人师是人的天性。我们每个人都有这样的体会：当你还是个高中生的时候，你会遇到初中的小弟弟、小妹妹向你请教各种问题，充满敬仰地要求你谈谈自己的学习方法，等等。这时，无论你多么忙，你都会带着一丝骄傲解答他们每一个稚嫩的问题，并从他们的目光中得到某种心理满足。如果我们能静下心来仔细分析这样的经历，我们会发现，成就感是多么早又是多么牢固地根植于我们每个人的心灵深处。在被别人请教时，我们心中涌起的愉悦感和自豪感往往不能为我们自己所清醒地意识到，但它却主宰着我们的情感，甚至是我们的理智。

孟子云："人之患在好为人师。"那么，如果我们把建议或说服的方式变成请教，结果会怎样呢？请看下面这个故事。

威尔森是专门为一家设计花样的画室推销草图的推销员，对象是服装设计师和纺织品制造商。一连三个月，他每个礼拜都去拜访纽约一位著名的服装设计师。"他从来不会拒绝我，每次接见我都很热情，"他说，"但是他也从来不买我推销的那些图纸。他总是很有礼貌地跟我谈话，还很仔细地看我带去的东西。可到了最后总是那句话：'威尔森，我看我们是做不成这笔生意的。'"

经过无数次的失败，威尔森总结了经验，他太遵循那老一套的推销方法，一见面就拿出自己的图纸，滔滔不绝地讲，占的构思和创意，新奇在何处，该用到什么地方，客户都听烦了，是出于礼貌才让他说完的。威尔森认识到这种方法已太落后，需要改进。于是他下定决心，每个星期都抽出一个晚上去看说话技巧的书，思考为人处世的哲学，创造新的热忱。

过了不久，他想出了应对那位服装设计师的方法。他了解到那位服装设计师比较自负，别人设计的东西他大多看不上眼，于是他抓起几张尚未完成的设计草图来到买主的办公室。“鲍勃先生，如果你愿意的话，能否请教你一个问题？”他对服装设计师说，“这里有几张我尚未完成的草图，能否请你告诉我，我应该如何把它们完成，才能更好一些呢？”那位买主仔细地看了看图纸，发现设计人的初衷很有创意，就说：“威尔森，你把这些图纸留在这里让我看看吧。”

几天过去了，威尔森再次来到办公室，服装设计师对这几张图纸提出了一些建议。威尔森用笔记下来，然后回去按照他的意思很快就把草图完成了。服装设计师大为满意，全部接受了。

从那之后，威尔森总是去请教买主，然后根据买主的意见制图纸。那位买主订购了许多图纸，非常满意，因为这相当于他自己设计的。威尔森从中赚了不少佣金。“我现在才明白，那么多天过去了，为什么我和他不能做成买卖，”威尔森若有所思地说，“我在以前总是从正面说服他来买，还告诉他这是他应该买的，买了对他很有用，而他却不以为然，认为这里不合适，那里不新颖。而现在我用请教的方式进行，这样就满足了他内心中那种渴望——自己的优越感表现欲，他再也不能拒绝了。”

对于推销员来说，应该充分尊重顾客，而自己应该低调一点。这种手段无疑会大大提高业绩。同样的道理，我们在生活中说服别人也应如此，把对方抬到“老师”的高度，往往能使自己的意见和建议更容易被接受。

巧妙的赞美可激发斗志

每个人都有维护自身荣誉和形象的自我意识倾向，通俗地说，就是虚荣心。这是一个人希望实现自我价值的反映，它是一种与自信心、进取心、责任感、荣誉感密切相连的心理。

古人云：“水激石则鸣，人激志则宏。”善于说服的人，总是善于唤醒对方的潜意识，以激起对方的斗志。如果不按你所说的去做，就会有损对方的自尊心和形象。为此，应注意以下两点：

第一，在言语中把对方美化成道德上的“完人”，让对方没有退路，只有上“架子”才能成为“完人”。

在法瑞出租的房子当中，有一个很挑剔的房客，扬言要搬离他的公寓。但这房客的租约，尚有四个月才期满，每个月的租金是55元，可是他却声称立即就要搬，不管租约那回事。

这个房客已在法瑞这里住了一个冬季。如果他搬走的话，秋季前这房子是不容易租出去的。眼看二百多元就要从口袋飞走了，法瑞实在是着急。如在以前，法瑞一定会找那个房客，要他把租约重念一遍，并向他指出，如果现在搬走，那四个月的租金，仍须全部付清。

可是，这次法瑞只是向他这样说：“先生，听说你准备搬家，可是我不相信那是真的。我从多方面的经验来推断，我看出你是一位说话有信用的人，而且我可以跟自己打赌，你就是这样的一个人。”

房客静静地听着，没有作任何表示。接着法瑞提了一个建议，让房客将他所决定的事先暂时搁在一边，不妨再考虑一下，并给了他充裕的时间，如果到时候他还是决定要搬的话，法瑞说他将会接受他的要求。

最后，法瑞一再强调他相信对方是个讲信用的人，会遵守自己的租约。

事情果然不出法瑞所料，到了下个月，这位先生自己来见他，并且付了房租。他还说，这件事已经跟他太太商量过，他们决定继续住下去。他们都认为至少应该住到期满。

这种事例在日常生活中还有很多，也许当事人自己都没有感觉到有什么特殊之处，但又确实是凭着道义达到了说服的目的。这时，人的自尊、名声、荣誉、能力……都可以作为说服的武器。

第二，把对方标榜为能力上的“超人”，那么这只“鸭子”，就没有从架子上退下来的理由了。

美国黑人富豪约翰逊决定在芝加哥为公司总部兴建一座办公大楼，他出入无数家银行，但始终没贷到一笔款。

一天，约翰逊和大都会人寿保险公司的一个主管在纽约市一起吃晚饭。约翰逊拿出经常带在身边的一张蓝图准备摊在桌上时，保险公司主管对约翰逊说：“这儿我们不便谈，明天到我的办公室来。”

第二天，当约翰逊断定大都会公司很有希望给他抵押贷款时，他说：“好极了，唯一的问题是今天我就需要得到贷款的承诺。”

“你一定在开玩笑，我们从来没有在一天之内给过这样的贷款承诺。”保险公司主管回答。

约翰逊把椅子拉近说：“你是这个部门的主管。你肯定有足够的权力把这件事在一天之内办妥！”

对方微笑着说：“你这是逼我上梁山，不过，还是让我试一试吧。”

他试过以后，本来他说办不到的事情终于办到了，约翰逊也在钱花光之前几个小时回到了芝加哥。

激将有时要比请将更有效

激将法也是一种很奇妙的说服人的技巧。俗话说，请将不如激将。使用激将法，往往能够使被说服者感情冲动，从而去做一件他在平常情况下可能不会做的事；激将者还可以激起对手的愤怒感、羞耻感、自尊感、妒忌感或者羡慕感等等，在这种情况下，处于激动之中的对象是想不到怎样被激将者说服的。

其实，按照上面的定义，给对方一番赞美的办法也应该算是激将法的一个变种，它也是激发对方的自尊心与荣誉感，只不过它是往上抬对方，而一般意义上的激将法是往下压对方。

在同样情况下，一些人“敬酒不吃吃罚酒”；不愿吃甜的，愿意吃苦的；认定一条死理，硬往牛角尖里钻。你磨破嘴皮，他却一意孤行。这时，如果你改变方法，突然给他一个强烈的反刺激，说不定能使你的说服“柳暗花明又一村”，轻松地达到自己的目的。

诸葛亮一生善用激将法，一激关羽，二激黄忠，都达到了很好的效果。不过，最精彩的还是赤壁大战前与周瑜的那场谈判，其善于巧言相激的说服艺术也发挥到了极致。

208年，曹操亲率大军南征。江东的孙权摇摆在抗曹与降曹的两种选择之间。诸葛亮在见到江东决策人物之前，首先遭遇到的是一批力主降曹、胆怯自私的文官。诸葛亮舌战群儒，对各种不利于孙刘联兵抗曹的言论，一驳到底，不拖泥带水。

周瑜是对孙权决策影响最大的人物，一旦抗曹开始，他必然也是主帅，诸葛亮必须说服他抗曹，并调动起他的强烈抗曹愿望。

一天晚上，鲁肃引诸葛亮会见周瑜，鲁肃问周瑜："今曹操驻兵南侵，是战是和，将军欲如何？"周瑜说道："曹操挟天子以令诸侯，难以抗命。而且他兵力强大，我们不可轻敌。战则必败，和则易安，我的意见是和为上策。"鲁肃大惊道："将军之言错矣！江东三世基业，岂可一朝白白送给他人？"周瑜说道："江东六郡，千百万生命财产，如遭到战祸之毁，大家都会责备我的，因此，我决心讲和为好。"

诸葛亮听完东吴文武两大臣的一段对话，觉得周瑜若不是抗曹的决心未定，也是一种有意试探，此时如果不另辟蹊径，只是讲一通吴蜀联合抗曹的意义，或是夸耀周瑜盖世英雄，东吴地形险要，战则必胜的道理，肯定难以奏效。于是，他巧用周瑜执意求和的"机缘"，编出了一段故事。

诸葛亮说道："我有一条妙计，只需差两名特使，驾一叶扁舟，送两个人过江，曹操得到那两个人，百万大军必然卷旗而撤。"

周瑜急问是哪两个人。诸葛亮说道："曹操本是一名好色之徒，打听到江东乔公有两位千金小姐，大乔和小乔，长得美丽动人，曹操曾发誓说：'我有两个志向，一是要扫平四海，创立帝业，流芳百世；二是要得到江东二乔，以娱晚年。’目前曹操领兵百万，进逼江南，其实就是为乔家的两位千金小姐而来的，将军何不找到乔公，花上千两黄金买到那两个女子，差人送给曹操？江东失去这两个人，就像大树飘落一两片黄叶，如同大海减少一两滴水珠，丝毫无损大局；而曹操得到那两个人必然心满意足，欢欢喜喜班师回朝。”

周瑜说道：“曹操想得大乔和小乔，有什么证据说明这一点呢？”

诸葛亮答道：“有诗为证。曹操的小儿子曹植，十分会写文章，曹操曾在漳河岸上建造了一座铜雀台，雕梁画栋，十分壮丽，并挑选许多美女安置其中，又令曹植作了一篇《铜雀台赋》。文中之意就是说他会做天子，立誓要娶‘二乔’。”

周瑜问：“那篇赋是怎么写的，你可记得？”

诸葛亮说道：“因为我十分喜爱赋中文笔的华丽，曾偷偷地背熟了。”接着就朗诵起来，“从明后以嬉游兮，登高台以娱情……临漳水之长流兮，望园果之滋荣。立双台于左右兮，有玉龙与金凤，揽‘二乔’于东南兮，乐朝夕之与共。”

周瑜听罢，勃然大怒，霍地站立起来指着北方大骂道：“曹操老贼欺我太甚！”

诸葛亮表面上是急忙阻止，其实是火上浇油，说道：“都督忘了，古时候单于多次侵犯边境，汉天子许配公主和亲，你又何必可惜民间的两个女子呢？”

周瑜说道：“你有所不知，大乔是孙策将军夫人，小乔就是我的爱妻！”诸葛亮佯作失言，请罪道：“真没想到是这么回事，我真是胡说八道了，该死该死！”

周瑜怒道：“我与曹操老贼誓不两立！”

诸葛亮却故作姿态地劝道：“请都督不可意气用事，望三思而后行，世上绝无卖后悔药的。”

周瑜说道：“我承蒙伯符重我，岂有屈服曹操之理？我早有北伐之心，就是刀剑架在脖子上，也不会变卦的。劳驾先生助我一臂之力，同心合力共破曹操。”

于是孙、刘结成的抗曹联盟得到巩固，赢得了赤壁之战的重大胜利。

诸葛亮首先了解到周瑜的气量比较窄，容易被人激怒，再者他也知道，大丈夫连自己的妻子都不能保护，是人生的一大耻辱，周瑜绝不会忍受这样的耻辱。尽管这一切不过是诸葛亮假借曹操的诗赋牵强附会的一说，却达到了激怒周瑜联合抗曹的目的。

由此可见，激将说服只要使用得恰到好处，适时适度，就会收到妙不可言的效果。当然，这种方式的运用，也要因人制宜，不可不辨对象个性，逢人遇事均使用这一招。一般说来，它对那些争强好胜的胆汁质的人，效果比较明显；而对敏感多疑、办事谨小慎微的抑郁质的人，很容易产生适得其反的效果。他会把说服者的激将之言视为讽刺和奚落，从此精神大损，导致“心死”。激将的结果就从根本上背离了我们施行劝导说服的宗旨。

第七章

准确把握说话的分寸与尺度

一、万不可哪壶不开提哪壶

说话的目的是为了促成一个好的结果，如果话说不到点子上，反而哪壶不开提哪壶，必定造成鸡飞蛋打的结局。人有千面，每个人心理犯忌的东西也各不相同，这就需要我们平时多留心，看准哪一壶是不开的，以免不小心提到了它。

说话要绕开对方的禁忌

人生在世，各有所长，各有所短。没有一个人愿意让别人攻击自己的短处。若不分青红皂白，一味说对方的短处，很容易引发唇枪舌剑，两败俱伤。

有一位年轻的姑娘长得很胖，吃了不少的减肥药也不见效果，心里很苦恼，也最怕有人说她胖。有一天，她的同事小张对她说：“你吃了什么呀，像气儿吹的似的，才几天工夫，又胖了一圈儿。”胖姑娘立马恼羞成怒：“我胖碍着你什么了？不吃你，不喝你，真是狗拿耗子，多管闲事！”小张不由闹了个大红脸。在这里，小张明知对方的短处，却还要把话题往上赶，这自然就犯了对方的忌讳，不找麻烦才怪。

每个人总有自己的弱点、缺点或者污点，在和对方谈话时一定要避开这些他（她）所忌讳的东西，因为忌讳心理人皆有之，就连鲁迅笔下的那位惯用精神胜利法的阿Q也有忌讳。由于他惯用精神胜利法安慰自己，因而少有耿耿于怀之事，别人欺他骂他，他能控制自己，心理很快能平衡，唯独忌讳别人说他“癞”。

因为他头皮上确有一块不大不小的癞疮疤。只要有人当着他的面说一个“癞”字，或发出近于“赖”的音，或提到“光”“亮”“灯”“烛”等字，他都会发起怒来，口讷的便骂，力小的便打。

那么，该怎样避讳呢？

第一，不要提起别人的生理缺陷。对别人的生理缺陷要视为禁区，十分谨慎地避开，以免触痛对方。比如：谢顶者面前不说“亮”，胖子面前不说“肥”，瘦子面前不说“猴”，矮个儿面前不说“武大郎”，其貌不扬者面前不说“丑八怪”，腿脚不便者面前不说“举足轻重”，驼背面前不说“忍辱负重”，在久婚不育者面前少谈生儿育女事等等。

第二，忌涉及别人的隐私。每个人都有一些不愿公开的秘密。尊重别人的隐私，是尊重他人人格的表现。所以，当你与别人交谈时，切勿鲁莽地随意提及别人的隐私，这样，别人就会觉得你遵循了人际交往的“礼貌原则”，便会乐意跟你交谈和交往。反之，假如你不顾别人保留隐私的心理需要，盲目触及“雷区”，不仅会影响彼此之间谈话的效果，而且别人还会对你产生不良印象，进而损害人际关系。比如，别人的恋爱、婚姻正遭遇某种挫折，而且又不愿向旁人透露时，你若在交谈中一味地刨根问底，肯定会引起对方的反感。关于隐私问题，后面我们将专门来讲。

第三，忌提及别人的伤感事。与别人谈话，要留意别人的情绪，话题不要随意触及对方的“情感禁区”。比如，当你的交谈对象正遇到某种打击，情绪沮丧低落时，你与之交谈，对方又不愿主动提及伤感的事，就最好躲避这类话题，以免使对方再度陷入“情感沼泽”，进而影响彼此间的继续交往和友谊。

第四，忌提及别人的尴尬事。当别人在生活中遇到某些不尽如人意的事时，你若与之交谈，最好不要主动引出这一有可能令对方尴尬的话题。比如，别人正遇上升学考试不及格抑或提拔升迁没能如愿或某项奋斗目标未获预期的成功等等，你若不顾别人的主观意愿而主动问及此事，那么，你的交谈对象就会因此而陷入尴尬，进而对你的谈话产生排斥心理。

有时候，我们也许不能一眼发现对方的短处，这看起来似乎很难避免触及别人的短处。表面上看确实如此，但实际上还是有办法避免的。比如，提到某个问题时对方有意回避，或表情不太自然，这时候就应该马上停口，改谈其他的话题。一般来说，对于别人无心的伤害，人们还是比较容易谅解的，但如果你不顾对方的反应，仍然继续说下去，对方可能就会认为你是故意的了。这时冲突就很容易发生。

小李从卫校毕业后，直接到附近的一所医院当护士，试用期三个月，合格的话就会被留用，她的运气确实不错。嘴甜、勤快使得医院里的护士都很喜欢她，尤其是护士长赵姐，对她就像亲妹子一样。眼看三个月的实习期就要满了，小李却在这时犯了一个致命的错误。一天午休时，几个护士聚在一起闲聊，小李突然问了赵姐一句:“赵姐，你家孩子几岁了？怎么不带到医院来玩啊！”大家都愣了，赵姐表情也很不自然，但还是勉强笑着回了一句:“啊，我还没要孩子呢！”一名老护士忙岔开话题说起了旅游的事，偏偏小李没眼色，又补了一句:“赵姐，那你可得抓紧时间了！不能只顾着事业呀，没有孩子可是女人一生最大的遗憾哪！”小李自以为话说得很得体，没想到话音刚落，赵姐就脸涨得通红，大叫了起来:“你算哪根葱哪根蒜，我的事你管得着吗？”小李目瞪口呆，委屈得直哭。把赵姐劝走以后，一名老护士才告诉小李，赵姐根本不能生育，在这家医院里，关于孩子的事，大家在她面前是连提都不敢提的！

结果可想而知，小李的实习不合格，被退回学校去了。小李错就错在太过冒失，不该触人痛处，在赵姐表情那么不自然地敷衍她，其他护士又岔开话题的情况下，实在不应该再继续问下去，但她偏偏又自以为是地加了一句，结果惹了麻烦。

不要在失意者面前谈得意事

在这个社会上，有些人总喜欢夸耀自己，往往认为自己高人一等。每遇亲朋好友，就迫不及待地大肆吹嘘自己的得意事，却不看身边有没有失意者。

如果你正得意，要你不谈论不太容易。哪一个意气风发的人不是如此？所以这种人也没什么好责怪的。但是，谈论你的得意时要看场合和对象。你可以在演说的公开场合谈，对你的下属谈，享受他们投给你的钦羡眼光，更可以对路边的陌生人谈，让人把你当成神经病，但就是不要对失意的人谈，因为失意的人最脆弱，也最多心：你的谈论在他听来充满了讽刺与嘲讽的味道，让失意的人感受到你“看不起”他。当然，有些人不在乎，你说你的，他听他的，但这么豪放的人不太多。因此你所谈论的得意，对大部分失意的人是一种伤害，这种滋味也只有尝过的人才知道。

所以，每逢开口说话，不管是什么内容，都要注意别让别人产生自己被比下去的感觉。你有得意的事，就该与得意的人谈；你有失意的事，应该和失意的人谈。说话时一定要掌握好时机和火候。不然的话，一定会碰一鼻子灰，不但目的达不到，遭冷遇、受申斥也是意料中的事。

一次，有人约了几个朋友来家里吃饭，这些朋友彼此都是熟识的。主人把他们聚拢来主要是想借着热闹的气氛，让一位目前正陷入低潮的朋友心情好一些。这位朋友不久前因经营不善，关闭了一家公司，妻子也因为不堪生活的压力，正与他谈离婚的事，内外交迫，他实在痛苦极了。

来吃饭的朋友都知道这位朋友目前的遭遇，大家都避免去谈与事业有关的事，可是其中一位朋友因为目前赚了很多钱，酒一下肚，忍不住就开始谈他的赚钱本领和花钱功夫，那种得意的神情，连主人看了都有些不舒服。那位失意的朋友低头不语，脸色非常难看，一会儿去上厕所，一会儿去洗脸，后来他赶早离开了。主人送他出去，在巷口，他愤愤地说：“老吴会赚钱也不必在我面前说得那么神气。”

主人了解他的心情，因为在多年前他也遇到过低潮，正风光的亲戚在他面前炫耀他的薪水、年终奖金，那种感受，就如同把针一根根插在心上，说有多难过就有多难过。

后来，那个朋友再也不理老吴了，其他的朋友也逐渐疏远了他。

可见，在失意的人面前谈自己的得意事，是非常不明智的。这样做很容易得罪别人，不但会失去朋友，还可能给自己后来的生活埋下祸根。因此我们在说话时，一定要记住这一点。

一般来说，失意的人较少有攻击性，郁郁寡欢是最普通的心态，但别以为他们只是如此。听你谈论了你的得意后，他们普遍会有一种怀恨心理。这是一种渗入心底深处的对你的不满的反击。你说得口沫横飞，不知不觉已在失意者心中埋下不满。

失意者对你的怀恨不会立即显现出来，因为他此时无力显现，但他会透过各种方式来泄恨，最明显的则是疏远你，避免和你碰面，以免再见到你，于是你不知不觉就失去了一个朋友。

对方不体面的历史尽量别提

几乎所有的人都有一些不太体面的历史和经历，对于这样的往事，没有人愿意让太多的人知道，特别是那些已经取得成功的人，地位越高、权力越大，越是忌讳。对此，我们应当牢记在心。如果你知道某个人的历史，千万不要随便提起，否则可能会惹祸上身。

明太祖朱元璋出身贫寒，做了皇帝以后，他从前相交的一些朋友，有的还是照旧过着很穷的日子。有一天，一个朱元璋从前的朋友从乡下出来，一直跑到南京皇宫大门外面，哀求门官进去启奏说：“有旧友求见。”

朱元璋叫传他进来，他就进去了。见面的时候，他说：“我主万岁！当年微臣随驾扫荡芦州府，打破罐州城，跑了汤元帅，拿住豆将军，红孩儿当关，多亏菜将军。”

朱元璋听他说得好听，心里很高兴，就立刻封他做了御林军总管。这位巧嘴的朋友从此就做起了大官。

这消息让另外一个朋友听见了。他心想：“同是那时候一块儿玩的人，他去了就有大官做，我去了当然也不会倒霉的吧？”于是他也就去了。和朱元璋一见面他就直直率率地说：“朱重八！还记得吗？从前你我都替人家放牛。有一天，我们在芦花荡里把偷来的豆子放在瓦罐里煮着，还没等煮熟，大家就抢着吃，把罐子都打破了，撒了一地的豆子，汤都泼在泥地里。你只顾满把地抓豆子吃，却不小心连红草叶子也送进嘴去。叶子哽在喉咙口，苦得你哭笑不得。还是我想的主意，叫你用青菜叶子放在手上拍拍吞下去，才把红草叶子带下肚子里去了。……”

朱元璋嫌他太不会顾全体面，等不得听完就连声大叫：“推出去斩了！推出去折了！”这位天真直率的朋友，就这样给杀掉了。

其实，这位老兄说的都是实话，只是没有注意朱元璋早已今非昔比，而且又是在那么多文武百官在场的情况下，提那些不光彩的往事，如何让当时的一国之君下台？皇上在恼羞成怒的情形之下，又哪顾得上什么兄弟情谊？

无论人格多么高尚多么伟大的人，都有不愿让人触及的地方。因此，我们在说话之前还是有必要小心一点，不要哪壶不开提哪壶，以免有所冒犯。

二、实话有时未必就要直说

实话实说的人常是老实、本分的象征，往往被人称道。但现实生活不分时间场合一律实话实说，很多时候就等于是在伤害别人，不仅使对方不愉快，自己也往往得不到好结果。

实在，但不能太死心眼儿

许多人以为，有什么说什么便是实在，便是纯白无瑕，可是物极必反，有时候人并不喜欢真实。相反，过于实在，往往就成了死心眼儿，到哪里都不受欢迎，最终陷入绝境。

有这么一个民间传说。

从前，有一个爱说大实话的老实人，什么事情他都照实说，所以他不管到哪儿，总是被人赶走。这样，他变得一贫如洗，简直无处栖身。最后，他来到一座修道院，指望着能被收容进去。修道院院长见过他问明了原因以后，认为应该尊重“热爱真理、说实话的人”，于是把他留在修道院里安顿下来。

修道院里有几头已经不中用的牲口，修道院想把它们卖掉，可是他不敢派手下的人到集市去，怕他们把卖牲口的钱私藏腰包。于是，他就叫这个老实人把两头驴和一头骡子牵到集市上去卖。老实人在买主面前只讲实话：“尾巴断了的这头驴很懒，喜欢躺在稀泥里。有一次，人们想把它从泥里拽起来，一用劲，拽断了尾巴。这头秃驴特别倔，一步路也不想走，他们就抽它，因为抽得太多，毛都秃了。这头骡子呢，是又老又瘸。”别人又问他，这几头牲口能不能干活，他回答说：“如果干得了活儿，修道院院长干吗要把它们卖掉啊？”结果买主们听了这些话就走了。这些话在集市上一传开，谁也不买这些牲口了。于是，老实人到晚上又把它们赶回了修道院。听完老实人讲述完集市上发生的事，修道院院长发着火对老实人说：“朋友，那些把你赶走的人是对的。不应该留你这样的人！我虽然喜欢你的老实，可是，如果老实过了度就是死心眼儿，只能是个蠢材！所以，老兄，你滚开吧！你爱上哪儿就上哪儿去吧！”

就这样，老实人又被修道院赶走了。

虽然这只是一个传说，但也能说明道理。生活里没有绝对的真实，如果你什么事情都实话实说，只会给自己制造出一大堆麻烦，甚至会与整个社会格格不入。

如果太过直白，不懂用虚，很难受人欢迎。

比如，甲某认为同事乙小姐的衣服难看，便马上对她说：腿短而粗的人不适合穿这种裙子。结果乙小姐脸一沉，扭头便走，留下甲某发愣。或者同事小李当着处长的面指点小王说：“你的稿子里错别字很多，以后要仔细些。”实话固然是实话，但不久后公司却隐约有人传言：小李惯于在上司面前打击别人，抬高自己……倘若如此，小李恐怕会意识到自己实在并不那么受人欢迎，既然这样，又何苦呢？

常言道："不看你说什么，只看你怎么说。"我们并不反对实在，相反，我们也极力赞成用真实的态度来说话做事，使自己留给别人一个好印象，同时以后也有更好的发展。但是实在并不等于把自己所有的想法都谈出来，甚至不做任何修饰地说出来，那就成了死心眼儿。

既然我们身为中国人，又生活在中国人中间，在说话时就需要讲究方式，与人交流时，不要以为内心实在便可以不拘言语。一句话到底应该怎么说，一定要想好了再开口。

直言直语不利于人际交往

其实"直言直语"本来是人性中一种很可爱、很值得大家珍惜的特质，因为也唯有这种直言直语的人，才能让是非得以分明，让正义邪恶得以分明，让美和丑得以分明，让人的优缺点得以分明。但在人性丛林里，这种看似不说谎的"直言直语"却是一个人的致命伤。

如果你不掩饰自己的情绪，不管什么场合，也不问对象是谁，不考虑说话会引起什么后果，心里有什么就说什么，直来直去，想说啥就说啥，结果就会在无意中得罪了别人。

老实厚道的李军是公司的中级职员，他的心地是公认的"好"，可是一直升不了职；和他同年龄、同时进公司的同事不是外调独当一面，就是成了他的顶头上司。另外，别人虽然都称赞他"好"，但他的朋友并不多，不但下了班没有"应酬"，在公司里也常独来独往，好像不太受欢迎的样子……

其实李军能力并不差，也有相当好的观察、分析能力，问题是，他说话太直了，总是直言直语，不加修饰，这直接、间接地影响了他的人际关系。

喜欢“直言直语”的人说话时常只看到现象或问题，也常只考虑到自己的“不吐不快”，而不去考虑旁人的立场、观念和性格。他的话有可能一派胡言，但也有可能鞭辟入里；一派胡言的“直言直语”，对方明知，却又不好发作，只好闷在心里；鞭辟入里的直言直语因为直指核心，让当事人不得不启动自卫系统，若招架不住，恐怕就怀恨在心了。所以，直言直语不论是对人或对事，都会让人受不了，于是人际关系就出现了阻碍，别人宁可离你远远的，眼不见为净，耳不听为静。

喜欢直言直语的人一般都具有“正义倾向”的性格，言语的爆发力和杀伤力很强，所以有时候这种人也会变成别人利用的对象，鼓动你去揭发某事的不法，攻击某人的不公。不管成效如何，这种人总要成为牺牲品：如果成效好，鼓动你的人坐收战果，你分享不到多少；成效不好，你必成为别人的眼中钉，是排名第一的报复对象。

人性中一条很重要的弱点，就是大家都乐于被虚假的事实所安慰。福尔摩斯在柯南·道尔笔下早已死亡，可读者纷纷表示不满，扬言如果福尔摩斯不活过来，就要杀死柯南·道尔，逼得柯南·道尔硬编出了故事让福尔摩斯复活。

有些人就乐意被别人欺骗，比如，三番五次地问恋人：“你爱我吗？”

恋人回答说：“当然爱你了，这个世界上我就爱你一个！”

于是他（她）高兴了。

也有些人喜欢问恋人："以前，你谈过朋友没有？没关系，老实告诉我好了，即使谈过我也不会计较的。"

老实的人就会一五一十地说谈过，却不料这已在两人的关系上投下了阴影。

聪明的人此时都骗一下恋人："没谈过，你是我的初恋。"有些人怕恋人不信，就说："谈是谈过，但没什么，只是拉了一下手。"

这样的话对方听后一定乐意。

人都喜欢幻想，都喜欢陶醉在甜蜜的梦里，而现实却永远是冷酷的，缺少浪漫色彩。有时骗一下人，让他沉浸在梦想里，享受生活的甜蜜，也未尝不是一件好事。所以，在与人交往的过程中，还是不要那么直白吧。

说谎有时也是一种善良

生活离不开谎言。有些时候，你不能不说谎；在一些非常时期，说谎还是一种善良的表现，只有说谎，才会使别人生活得开心些，结果也更加圆满。

在我们的生活中，也不乏这样的事例。作为医生，面对一个生命垂危的重症患者，他经常会宽慰病人，对病人说："只要配合治疗，很快就会康复。"

而几乎没有一个医生会对病人说："你根本没有希望了，很快就会死。"同样，作为病人亲友，大家去探望病人时，即使知道他活不了几天了，也要与医生配合，把谎撒下去，让病人满怀信心地接受治疗。因为生命本身有时是会创造奇迹的，即使没有奇迹出现，让病人充满希望地多活两天也是一种人道主义精神的表现。

在医疗方面，谎言必不可少；在家庭生活方面，适当的谎言也会对人产生积极的影响。

比如，有一对新婚夫妻，妻子的手艺不佳，烹饪的菜肴难以下咽，丈夫此时偏要硬着头皮海吃，假装吃得津津有味，边吃边赞："味道好极了。"这就是夫妻之间善意的谎言，妻子即使知道你说的是谎言，也会乐意接受的。

再比如，丈夫给老婆买的衣服，颜色和款式并不一定符合老婆的心理，但妻子为了不让丈夫失望，故意说很喜欢。假如妻子说了实话，两个人都不开心，丈夫还会感到很尴尬。而一句谎言，就避免了不快的感觉，使夫妻之间充满了浪漫的温馨。

此外，在一些特殊时期，夫妻之间的谎言可以帮助对方克服困难，重新振作起来。

有一对夫妻到国外去创业，刚开始时，他们的生意做得比较顺，赚了一些钱。一次，生意上出现了一些麻烦，导致他们的生意破了产。他们一无所有了，而且还要偿还银行贷款，妻子十分绝望，已经没有了活下去的信心。丈夫为了鼓励妻子的信心，就对她说："你不要急，我还有一部分存款，只是现在不能花，不到万不得已时不拿出来用。"

妻子听了丈夫的话，心理上得到了一丝安慰，她不再绝望了，恢复了继续奋斗下去的信心和决心。其实，丈夫根本没有存款，他只不过想通过这个善意的谎言来安慰妻子而已。

有时候，谎言就是生活的希望，是沙漠中的绿洲，它有时真的改变了我们生命的轨道。在灾难突然降临时，谎言甚至可以起到救命的作用。

有关这方面的例子很多。一年 8 月，某煤矿透水冒顶，当时有四个人正在井下作业。十分钟时间，大水便淹没了平巷和顶棚，出路被封死，后无退路，他们被逼到平巷上方一个一米高、三米宽的平台上，水位还在上涨，情况万分危急。他们四人分两组轮换向平台上方挖煤灰，两天时间挖出两个一米多高的台阶。他们三四天没吃东西，饥饿、寒冷、恐惧和绝望一起袭来。为了鼓舞大家在绝境中和步步紧逼的死神进行搏斗，其中一个人一次次谎报水位在下降，谁能够坚持下去，谁就能活着出去。坚持到第四天时，空气稀薄的坑道里已经有人虚脱昏迷，可也就在这时，水位真的下降了，他们四人感到是个逃生的机会，相扶着一步步爬到井口。此时井口的九台抽水机正在日夜不停地排水，井上的人们都以为他们四人肯定生还无望，却不料他们在与死神的搏斗中取得了最后的胜利。

其实，人人反对撒谎，但生活中还是缺不了谎言。在我们的日常工作与生活中，每个人都应该学习这种积极的撒谎方法。它是一种鼓励，一种善良，更是一种爱心。如果在与人交往中能够灵活运用，不但不会遭人反对，相反还会使你魅力大增。

说话干脆利落给人信任感

有些人总是在讲话时心里特别紧张，一紧张，表情就不自然，讲话也结结巴巴、嗯嗯啊啊。更有甚者，惊慌失措，手忙脚乱。别人一看你这副样子，哪怕你说的是真话，也不敢相信了。

美国有句谚语说得好：“就想你正走的这一步，别想下一步。”这对于说谎者来讲，不失为一种正确的方法。说谎的时候，你只要想好你的谎言，其他一切你都不要去牵挂。

拿破仑有一次检阅军队，按照惯例，指挥官跑步到拿破仑跟前，以非常清晰的口齿报告："报告将军。本部已全部集合完毕。本部官兵应到三千三百四十四人，实到三千四百三十八人。请你检阅。"

拿破仑非常满意地点点头，说："很好。"回头对他的参谋说，"记住这个指挥官的名字，数字记得这么准确的人应该受到重用。你们以后也得向他学习，给我汇报时尽量用精确的数字说话。不要用大概、可能、也许、差不多这样的词。"

这位博得拿破仑好感的指挥官，实际上刚刚从外面回来，根本不知道实到了多少人。但他说谎的时候干脆利落，显得异常冷静。

其实，真正要说谎，首先就得这样，能给人以最基本的信任感，别人才能相信你说的话。

通常，我们对一个吞吞吐吐讲话的人会产生怀疑，认为他欲言又止是编织借口与谎言，从而对他严加防范；而对于说话干净利落的人则抱有好感，常常对以这种方式讲出的话深信不疑，认为那种脱口而出的话不像在撒谎，好像他的不假思索是一种不藏心机、诚实坦率的作风。其实，高明的骗子不过就是利用了人们的这一心理，大撒其谎的。

在现实生活中，要想让说出口的话真正发挥出它的作用，除了做到"干脆利落"以外，还需要巧妙把握好下面两个要点。

（1）要说得合情合理

在你表达某种事实的时候，要尽量显得合情合理，不能与现实生活的差距过大。要大致符合当时、当地、当事人的实际情况。

在交往的过程中，如果对方对你抱有某种程度的戒备与警惕，对你所说的一切也会本能地产生怀疑，这就更需要在合理上下些功夫。有时，不妨来一点真真假假，造成一种虚虚实实的混沌局面。这时，对手的感觉是“实亦实，虚亦实”。

（2）表达要态度诚恳

表达形式是言语。同时，应当辅以情感、神态、动作、语调等的帮助。对手对你所表达内容的接受程度，取决于对内容的感知与理解的深浅。自己的表达越明晰、越确切、越执着、越有诱惑力，对手的感知与理解力就越强，从而导致其信任的概率也越高。

总之，说话要说得恰到好处，不能拖泥带水，否则，弄巧成拙不说，还会给人留下虚伪做作的印象。

三、不合自己身份的话不说

越位是一种非常危险的事情，它打破了原有的正常秩序，给事情的发展带来了不可预料的变数。如果你身为下属，在和上司说话时就必须注意这一点。如若不能很好地把握说与不说的分寸，必将会对自己的工作和事业造成不利影响。

纠正错误时要给老板台阶下

老板发出的正确而合理的指令，员工自然要认真及时地贯彻执行。但是老板并非圣贤，他有时也可能会发出不恰当的甚至完全错误的指令，或者由于某种原因说错了话，办错了事。这时，作为他的下属，为了公司的利益纠正老板的错误是应该的，但不能不讲究方式方法。

人都爱面子，尤其是在众人面前的时候，老板更是如此。因为他要很好地驾驭自己的下属，就要很好地在员工面前树立自己的形象，维护自己的权威。老板犯了错，员工对此进行纠正是必需的，但纠正时要注意给老板台阶下。只有这样，他才会欣然接受你的意见。

那么，作为下属，面对老板的错误，特别是老板错误的指令，应该怎么提出建议呢？下面的方法或许可以让你借鉴一二。

（1）暗示法

接到不恰当的指令时，若你觉得不能执行或无法执行，可先给老板以某种暗示，让其悟到自己的指令不甚恰当。有些指令不恰当，不是因为上司素质差、水平低，而是没考虑周全，或是只看到了事物的表象，没看到事物的本质。你稍加暗示，他可能就会马上意识到。

（2）提醒法

有些不恰当的指令，可能是因为老板不熟悉、不了解某一方面的情况，也有可能是因为老板一时遗忘了。你及时提醒他，他认识到了，一般都会收回或修正指令。当然，提醒不是埋怨，也不是直通通、硬邦邦地批评，要讲究策略，语气上尽可能委婉些。

（3）推辞法

对老板不恰当的指令，有的可以考虑推辞。推辞要有理由，有的可从职责范围提出，有的可从个人的特殊情况提出。但不管从哪一方面，理由一定要真实和充分。推辞不是要滑头，而是委婉地拒绝。

（4）拖延法

有些不恰当的指令，倘你唯命是从，马上付诸行动，那就铸成了事实上的过错。对这种指令，如果你暗示或提醒都不能点醒他，推辞也没多少理由时，那么，最好的对策就是拖延。拖延法是消极的，但对有些非原则性的不恰当指令，只能如此。你拖延了一段时间后，老板的头脑冷静了，或许有了新的认识，就可能收回指令，或让其不了了之。

另外，对那些明显违反法纪法规、政策条例的指令，毫无疑问，下属应当坚决拒绝和抵制，并明确地向老板陈述理由。

别在言谈中显得比上司聪明

聪明，无疑是一件好事。但如果因此而觉得自己不是一般人，总在言谈话语中显得比上司聪明，甚至总是依仗聪明不把上司放在眼里，不仅得不到好处，往往还会把自己置于十分危险的境地。

英国 19 世纪政治家查士德斐尔爵士曾经对他的儿子做过这样的教导：“要比别人聪明，但不要告诉人家你比他更聪明。”虽然说任何一个上司都希望自己的下属聪明能干，但做下属的一定要对自己的聪明有个度的把握。允许你能领会他的意图，甚至他一眨眼、一偏头你都知道他在想什么，但千万别说出来。

三国时期的杨修，在曹营内任行军主簿，思维敏捷，甚有才名，很能领会“上司”曹操的意图。起初曹操很看重他，可杨修却不安分起来，经常耍耍小聪明。有一次建造相府里的一所花园，才造好大门的构架，曹操前来察看之后，不置可否，一句话不说，只提笔在门上写了一个“活”字就走了，手下人都不解其意，杨修说：“‘门’内添‘活’字，乃‘阔’字也。丞相嫌园门阔耳。”于是再筑围墙，改造完毕后又请曹操前往观看。曹操大喜，问是谁解此意，左右回答是杨修，曹操嘴上虽赞美几句，心里却很不舒服。又有一次，塞北送来一盒酥饼，曹操在盒子上写了“一盒酥”三字。正巧杨修进来，看了盒子上的字，竟不待曹操说话自取来汤匙与众人分而食之。曹操问是何故，杨修说：“盒上明书一人一口酥，岂敢违丞相之命乎？”曹操听了，虽然面带笑容，可心里十分厌恶。

杨修最大的毛病就是说话不看场合，不分析别人的好恶，只管卖弄自己的小聪明。当然，如果事情仅仅到此为止的话，也还不会有太大的问题，谁想杨修后来竟然渐渐地搅和到上司的家事中，这就犯了曹操的大忌。

在封建时代，统治者为自己选择接班人是一件极为严肃的问题，每一个有希望接班的人，不管是兄弟还是叔侄，可说是个个都红了眼，所以这种斗争往往是最凶残、最激烈的。但是，杨修却偏偏在如此重大的问题上不识时务，又犯了卖弄自己小聪明的老毛病。

曹操的长子曹丕、三子曹植，都是曹操准备选择做继承人的对象。曹植能诗赋，善应对，很得曹操欢心。曹操想立他为太子。曹丕知道后，就秘密地请歌长（官名）吴质到府中来商议对策，但害怕曹操知道，就把吴质藏在大竹片箱内抬进府来，对外只说抬的是绸缎布匹。这事被杨修察觉，他不加思考就直接去向曹操报告，于是曹操派人到曹丕府前进行盘查。曹丕闻知后十分惊慌，赶紧派人报告吴质，并请他快想办法。吴质听后很冷静，让来人转告曹丕说："没关系，明天你只要用大竹片箱装上绸缎布匹抬进府里去就行了。"结果可想而知，曹操因此怀疑杨修想帮助曹植来陷害曹丕，十分气愤，就更加讨厌杨修了。

曹操性格多疑，生怕有人暗中谋害自己，谎称自己在梦中好杀人，告诫侍从在他睡着时切勿靠近他，并因此而故意杀死了一个替他拾被子的侍从。埋葬这个侍从时，杨修喟然叹道："丞相非在梦中，君乃在梦中耳！"曹操听了之后，心里愈加厌恶杨修，于是开始找碴儿要除掉这个不知趣的家伙了。

不久，机会终于来了！219年，刘备进军定军山，曹操亲自率大军迎战刘备于汉中。谁知战事进展很不顺利，双方在汉水一带形成对峙状态，使曹操进退两难，想前进则害怕刘备，想撤退又怕遭人耻笑。

一天晚上，心情烦闷的曹操正在大帐内想心事，恰逢厨子端来一碗鸡汤，曹操见碗中有根鸡肋，心中感慨万千。这时夏侯惇入帐内禀请夜间号令，曹操随口说道："鸡肋！鸡肋！"于是人们便把这句话当作号令传了出去。行军主簿杨修即叫随军收拾行装，准备归程。夏侯惇见了便惊恐万分，把杨修叫到帐内询问详情。杨修解释道："鸡肋鸡肋，弃之可惜，食之无味。今进不能胜，退恐人笑，在此何益？来日魏王必班师矣。”夏侯惇听了非常佩服他说的话，营中各位将士便都打点起行装。曹操得知这种情况，差点气裂心肝肺，大怒道：“匹夫怎敢造谣乱我军心！”于是，喝令刀斧手，将杨修推出斩首，并把首级挂在辕门之外，以为不听军令者戒。

俗话说得好：“聪明反被聪明误。”应该肯定，杨修是一个绝顶聪明的人，不然他也不可能那么清楚曹操的意图。问题在于他被聪明所误，非要说出来不可。于是，针尖对麦芒，杨修终于送掉了自己的小命。

这是每一个想以“聪明”博得上司欢心的下属都应该吸取的一条教训。曹操的“鸡肋”“一盒酥”及门中的“活”字等，都是一种普通的智力测验，是一种文字游戏。他的出发点并不是真为了给大家出题测试，而是为了卖弄自己的超人才智，因此，他主观上并不希望有谁能够说破，只想等人来请教。在这种情况下，哪怕你猜着了，也不能说出来，甚至还要以某种意义上的“愚笨”去衬托上司的“才智”。但是，杨修却毫不隐讳地屡屡说破了曹操的迷局，曹操能不生气吗？

所以，当你想在上司面前显示自己的精明时，应该以不使上司感到过分为标准；如果你能时时领会到上司的意图，就不要全部说出来卖弄小聪明，以免聪明反被聪明误。

四、不是任何话都能说

有的人心里装不住话，无论是喜是忧、是悲是怒都要说出来才觉得痛快。其实，这是一个非常不好的习惯。把所有的话都说到嘴上，不仅让人觉得你不够成熟、胸无城府，更重要的是，这样会在不知不觉中得罪别人，甚至引火烧身。

有了不满也不要溢于言表

一个人有时心情不愉快，讲起话来不免会愤世嫉俗，讲出许多过头的话，招来很多麻烦。在日常生活中，在单位上下级关系间、同事间，感到自己受到了不公平待遇时，许多人的表现是不满、愤怒、对抗、暴跳如雷、大骂一通。这些行为只是把一时的激动情绪简单地发泄了一下而已。结果呢？只是自己白白耗费了心力，于对方并无多大的损伤，而自己受歧视的处境仍然未变，相反，受到的伤害可能会更深。

夏丹是一家公司的行政助理，同事们都把她当成公司的“管家”，公司里事无巨细，都要找她才行，这样一来，夏丹每天事务繁杂，忙得团团转，牢骚和抱怨也就成了家常便饭。

这天一大早，又听她抱怨：“烦死了，烦死了！”一位同事皱皱眉头，不高兴地嘀咕着：“本来心情好好的，被她一吵也烦了。”

其实，夏丹性格开朗外向，工作起来认真负责。虽说她牢骚满腹。该做的事情却一点也不曾怠慢。维护设备，购买办公用品，交通信费，买机票，订客房……夏丹整天忙得晕头转向，恨不得长出八只手来。再加上她为人热情，中午懒得下楼吃饭的人还请她帮忙叫外卖。

刚交完电话费，财务部的小李来领胶水，夏丹不高兴地说：“昨天不是刚来过吗？怎么就你事情多，今儿这个、明儿那个的？”抽屉开得噼里啪啦，翻出一个胶棒，往桌子上一扔，“以后东西一起领！”小李有些尴尬，又不好说什么，忙赔笑脸：“你看你，每次找人家报销都叫亲爱的，一有点事求你，脸马上就长了。”

大家正笑着呢，销售部的王娜风风火火地冲进来，原来复印机卡纸了。夏丹脸上立刻晴转多云，不耐烦地挥挥手：“知道了。烦死了！和你说一百遍了，先填保修单。”单子一甩，“填一下，我去看看。”夏丹边往外走边嘟囔：“综合部的人都死光了，什么事情都找我！”对桌的小张气坏了：“这叫什么话啊？我招你惹你了？”

夏丹态度虽然不好，可整个公司的正常运转真是离不开她。虽然她把应该做的都尽心尽力做好了，可是，那些“讨厌”“烦死了”“不是说过了吗”实在是让人不舒服。特别是同办公室的人，夏丹一叫，他们头都大了。“拜托，你不知道什么叫情绪污染吗？”这是大家的一致反应。

年末的时候，公司民意选举先进工作者，大家虽然都觉得这种活动老套可笑，暗地里却都希望自己能榜上有名。奖金倒是小事，谁不希望自己的工作得到肯定呢？领导们认为先进非夏丹莫属，可一看投票结果，80 多份选票，夏丹只得 6 张。

有人私下说：“夏丹是不错，就是嘴巴太厉害了。”

夏丹很委屈：我累死累活的，却没有人体谅……

什么叫费力不讨好？像夏丹这样，工作都替别人做到家了，嘴上为逞一时之快，抱怨上几句，结果前功尽弃。

这个故事提醒大家：我们不需要对那些令人不满的东西牢骚满腹，或者大发雷霆。如果这样做，不满情绪虽然得到了宣泄，但往往是无济于事。所以不满大可不必形于言辞。聪明的人，能够比较自如地调节内在的心理防御机制，将不快的负性事件及其引起的不良情绪压抑到意识之下，或遗忘于意识之外。压抑与遗忘相比，遗忘更洒脱、彻底。被迫的忍耐无疑有强烈压抑的痛苦。

不可借折辱人表现清高

无论是在古代还是在现代，总有些清高的人存在。对于这种性格，虽然不一定非要改变，但也没有必要更没有理由借对你看不上眼的人的污辱，来表现自己的与众不同和高风亮节。从理论上讲，这是把自己的人生观与生活方式强加给别人；从现实来看，这是没事找事，惹火烧身。

李白是唐代著名大诗人，他才高八斗，文采斐然，但又孤傲清高、放荡不羁。他有诗句：“安能摧眉折腰事权贵，使我不得开心颜。”又有“天子呼来不上船，自言臣是酒中仙”之句，由此可看出他的性格几乎是恃才傲物、目空一切。所以，虽然他满怀报国热忧，唐玄宗也看重他的才华，却终未能在仕途上走下去，更不用说施展身手，大有作为了。原因就在于他自恃清高、傲气太盛，使得皇帝身边的关键人物受了侮辱，以致受到暗算而丢官。

杨贵妃有羞花闭月之貌，沉鱼落雁之容，深得皇帝的宠爱。在一次宫廷酒宴中，李白曾于酒酣耳热之际，作《清平调》三首，歌颂杨玉环的美貌。他在作这三首诗时要杨国忠亲自为他磨墨，还命皇帝宠信的太监高力士为他脱靴。太监的地位是卑贱的，但得宠的太监就不同了。高力士因此深以为耻，对李白怀恨在心。

李白的三首《清平调》写得很美：

云想衣裳花想容，春风拂槛露华浓。
若非群玉山头见，会向瑶台月下逢。

一枝红艳露凝香，云雨巫山枉断肠。
借问汉宫谁得似，可怜飞燕倚新妆。

名花倾国两相欢，常得君王带笑看。
解释春风无限恨，沉香亭北倚阑干。

李白在诗中把杨玉环描写得花容月貌，像仙女一样。杨玉环十分喜欢，常常独自吟诵。李白在诗中提到了赵飞燕。这在李白，绝不存在丝毫讽刺的意思，他只是就赵飞燕的美丽与得宠同杨玉环相比较。然而比喻之物与被比喻之物不可能是全部特征的相合。这使怀恨在心的高力士看到了报复的契机。

一天，高力士又听到杨玉环在吟诵《清平调》，便以开玩笑的口吻问道："我本来以为您会因为这几首诗把李白恨入骨髓，没想到您竟喜欢到如此地步。"杨贵妃听后吃了一惊，不解地问道："难道李翰林侮辱了我吗？"高力士说："难道您没注意？他把您比作赵飞燕。赵飞燕是什么样的女人，怎么能同娘娘您相提并论？他这是把您看得同赵飞燕一样淫贱啊！"

在当时，杨玉环已是"后宫佳丽三千人，三千宠爱在一身"，她的哥哥、姐妹也都位居显要，声势显赫。她唯一担心的便是自己的地位是否稳固。她绝不希望被人看作像赵飞燕那样淫贱，更害怕落到她那样的下场。高力士摸透了杨玉环的心思，因此也就在她最软弱处下了刀子。他轻而易举地便把李白的诗同赵飞燕的下场嫁接起来，一下子使赞美的诗篇成了讥嘲的证据，激起了杨玉环的反感与憎恨。后来，唐玄宗曾三次想提拔李白，但都被杨玉环阻止了。高力士靠此手段，达到了报复脱靴之辱的目的。一次小报告葬送了诗人的前程。

在李白看来，像高力士这样的小人根本不配与自己为伍，正邪势不两立，正人君子自然疾恶如仇。正是在这一思想支配下，李白巧借醉酒之机在大庭广众之下侮辱了高力士，没给他留丝毫面子，这样做虽可泄一时之愤，但他却没想到由此而产生的严重后果。应该说，两人相斗，笑到最后的还是高力士。

李白后来虽然被唐玄宗"赐"金放还，全身而退，但毕竟被彻底赶出了他梦想施展抱负的政治舞台。从此他借酒浇愁，赋诗抒怀，落魄于江湖。诚然，他这种清高值得我们去钦佩景仰，但若在说话做事上完全这样率性而为，不讲一点方式方法，就会轻则前途遇阻，重则惹祸上身。因一时口舌之快而耽误自己看重的大好前程，无论如何是不值得的。李白留给我们的这一教训是深刻的，也是有用的。

不要把朋友的隐私说出去

劳伦斯基曾说：“如果一个人没有一点属于自己的秘密，那他不是一个可靠的人。”这就是说，在这个世界上，不论男女老少还是工农商学兵，任何一个人心里都藏着一些属于自己的秘密。

很多时候，人们遇到一些伤心事，比如家庭纠纷、生理缺陷、个人恩怨之类纯属个人私事的东西，一个人闷在心中实在难耐，也无济于事，一般都会向自己的知己好友诉说，目的是为了赢得朋友的同情、爱怜，及时帮自己出点子、想办法。但这些“隐私”，知道者范围不能大，只能“你知、我知”。

对于朋友的隐私，事情过后最好是把它从记忆中抹掉，至少也要把好嘴巴这道关口，不让秘密泄露出来。心里装不住话，暴露朋友隐匿的秘密，就等于撕开朋友痊愈的伤疤，只能使朋友不快，饱尝痛苦和羞恨。

好友萍萍找了个如意郎君，马上就要步入礼堂了！李宁欢天喜地，比自己结婚还要高兴。但她发现萍萍却始终像有什么心事一样高兴不起来。在结婚的前几天萍萍把自己的秘密告诉了李宁：原来萍萍患有透纳症，子宫是呈线性纤维状的，根本没办法生孩子。李宁听了萍萍的话，心里很难受，后来她又把这件事告诉了另一个好朋友，谁知此事被萍萍知道了。萍萍非常气愤，结婚那天，她没有请李宁参加，一对好朋友变成了陌路人。

朋友把自己的“隐私”告诉了你，即使没有强调让你保密，也证明了他对你的极度信任。对此你只有为他分忧解愁的义务，而没有把这种“隐私”张扬出去的权利。如果不把“保密”作为一种义务、一种责任，而热衷于流言蜚语，把朋友的“悄悄话”告诉别人，甚至公之于众，可能会引起不少人的风言风语，甚至被歪曲事情真相，不仅不利于解决问题，相反还会把事情搞糟，同时还会使你失去朋友，甚至会失去周围同事对你的信赖，最终成为孤家寡人。

另外一种情况是，如果无意间发现了某个人的阴谋或者不好的事情，最好的办法就是假装什么都不知道。绝对不能向他表明你决不泄密，那将会自找麻烦。当然，也不能随便说出去，除非他所做的是违法之事，而你又有把握将其绳之以法。